LE DÉRAISONNEMENT CLIMATIQUE

FRANÇOIS GERVAIS

LE DÉRAISONNEMENT CLIMATIQUE

Climat, énergie, ressources : revenir à la science pour éviter la ruine

L'ARTILLEUR

Collection Grandeur Nature, dirigée par Benoît Rittaud

Déjà parus, dans la même collection :

Une Histoire naturelle de l'Homme, Bertrand Alliot (Prix Jours de Chasse – 2020)
L'Urgence climatique est un leurre, François Gervais (2018)
Impasses climatiques, François Gervais (2022)
Merci au CO_2, François Gervais (2020)
Le Double visage de la diversité, Christian Lévêque (2023)
Confessions d'un repenti de Greenpeace, Patrick Moore (2020)
Le Mythe des énergies renouvelables, Rémy Prud'homme (2017)
Les vrais responsables de la crise énergétique, Rémy Prud'homme (2022)

ISBN : 978-2-810-01177-3

16 rue Vézelay – 75008 Paris

www.lartilleur.fr

François Gervais était directeur de recherche au Centre de recherche sur la physique des hautes températures du Centre national de la recherche scientifique (CNRS) avant d'être professeur des universités. De 1996 à 2012, il était directeur-fondateur du Laboratoire d'électrodynamique des matériaux avancés labellisé UMR 6157 par le CNRS. Il était conseiller scientifique du pôle de compétitivité Science et systèmes de l'énergie électrique. Il a été accrédité *expert reviewer* pour les rapports AR5 et AR6 du Groupe d'experts intergouvernemental sur l'évolution du climat (Giec). Il est auteur de 11 livres relatant et illustrant quelques-uns de ses 244 articles publiés dans des revues internationales à comité de lecture. Il a été invité à donner plus d'une centaine de conférences. Le CNRS lui a décerné la médaille de bronze (thermodynamique) et l'Académie des sciences le prix Yvan Peyches « pour sa contribution à la compréhension des propriétés infrarouges des oxydes ». Il est officier dans l'ordre des Palmes académiques.

www.univ-tours.fr/annuaire/m-francois-gervais

Sommaire

Seconde partie – Revenir à la raison

Prologue – Foisonnement de questions… rarement posées

Au pays de Descartes, croyons-nous vraiment que des millions de véhicules électriques, des milliers d'éoliennes, une profusion de batteries et de panneaux solaires photovoltaïques seront de nature à éviter inondations, sécheresses, vagues de chaleur, vagues de froid, tempêtes, orages et autres caprices de la météo tous imputés d'autorité au « dérèglement climatique » et à son bouc émissaire de service, le dioxyde de carbone ou gaz carbonique CO_2 ?

Comme le relate mon collègue Reynald Du Berger, professeur émérite de géophysique à l'université du Québec à Chicoutimi, une maman désemparée s'inquiétait d'entendre sa fille rentrant de l'école lui reprocher que chaque fois qu'elle démarre sa voiture, un ours blanc meurt. Que répondre à cette maman et à sa fille endoctrinée ?

Souscrivons-nous aux oukases de Novethic, affilié à la Caisse des dépôts, organisme que l'État français a missionné pour sa politique de financement de la transition écologique, qui a édicté en 2019 un catalogue de mesures[1] reprenant entre autres les projets de lois et décrets liberticides de B&L évolution[2]. Ces derniers préconisent :

(i) ***Réduction obligatoire*** de la température des logements – y compris pendant une canicule ?

(ii) ***Interdiction*** de construire des maisons individuelles – logements neufs donc obligatoirement collectifs et limités à un nombre de mètres carrés par habitant comme en URSS au temps de l'apogée des commissaires politiques ?

(iii) ***Taxation*** du surplus d'électricité consommée au-delà de 2 kilowattheures par jour et par personne (le dixième de la consommation de 2019) – aurait-il été déjà « oublié » que le Conseil constitutionnel avait retoqué un projet de loi similaire sous la présidence Hollande ?

(iv) Calendrier rapide d'***interdiction*** des véhicules à moteur thermique (le Parlement européen

1. www.novethic.fr/actualite/environnement/climat/isr-rse/infographie-interdiction-d-acheter-une-voiture-neuve-ou-de-prendre-un-long-courrier-couvre-feu-thermique-quotas-sur-les-produits-importes-les-mesures-chocs-pour-rester-sous-1-5-c-146877.html

2. www.bl-evolution.com/Docs/181208_BLevolution_Etude-Trajectoire-rapport-special-GIEC-V1.pdf

a concrétisé l'interdiction pour 2035). Toutefois, en raison de l'autonomie réduite de la batterie d'un moteur électrique la nuit par grand froid, les armées prendront-elles le risque de miser dans un conflit de haute intensité sur des chars ou des avions électriques ?

(v) ***Interdiction*** de tout vol hors Europe non justifié, et *réduction de trois quarts* des autres mobilités – sauf évidemment en bicyclette et peut-être avec une dérogation pour la trottinette électrique ; par ailleurs calèches et autres voitures à cheval restant l'apanage des touristes, il semble que leur retour généralisé en ville, à l'ancienne, ne soit pas envisagé dans l'immédiat...

(vi) ***Division par 3*** du flux vidéo consommé – même en cas de confinement et/ou de télétravail ?

(vii) ***Interdiction*** de la consommation de viande au-delà de 25 kg par personne et par an (34 g par repas) – méthane et protoxyde d'azote sont accusés d'être de « puissants gaz à effet de serre », prétexte repris à tout va pour vilipender agriculture et élevage. Et si l'assertion était fausse comme le montrera le chapitre « Puissance d'investigation de la spectrométrie infrarouge »...

(viii) ***Limitation*** à 1 kg de vêtements neufs par personne et par an (le dixième des achats de 2019)

– inspiré d'un slogan du parti politique EELV : « J'ai un pull troué, je sauve le climat[3] » ?

(ix) Et bien évidemment pour « préserver la planète », ***ne plus avoir d'enfants***, affligés d'une insupportable suspicion de devenir de futurs consommateurs[4].

Tout ceci bien sûr, citant Novethic, « pour conserver des modes de vie décents à moyen terme »...

Conserver des modes de vie décents d'ici 2050, année décrétée par l'Organisation des Nations unies et l'Union européenne objectif « *net zero* », la neutralité carbone, justifiera-t-il l'instauration d'un « passe carbone[5] », copié sur le « crédit social » à la chinoise, une intrusion massive dans nos modes de vie et nos choix, empreinte d'un totalitarisme que n'auraient pas renié les maîtres de la faucille et du marteau de la grande époque ? Toutefois, le marxisme promettait l'abondance. L'écologisme punitif incite les plus

3. leblogdenathaliemp.com/2015/05/10/eelv-declare-jai-un-pull-troue-je-sauve-le-climat

4. www.femmeactuelle.fr/actu/dossiers-d-actualite/crise-climatique-je-refuse-davoir-des-enfants-pour-preserver-la-planete-2154130

5. www.francesoir.fr/societe-science-tech/au-canada-une-banque-lance-une-carte-de-credit-qui-relie-les-achats-de-ses
www.contrepoints.org/2022/11/22/443836-la-fabrication-du-consentement-le-pass-carbone-arrive
www.causeur.fr/permis-carbone-decroissance-proposition-de-loi-ecologie-algorithme-247949

démunis à se résigner à la précarité issue de la crise énergétique et à la misère, rebaptisée « sobriété[6] ». C'est plus chic.

L'Assemblée nationale lors du premier mandat du président Macron avait voté pour l'inscription dans l'article premier de la Constitution, qui ne s'est pas concrétisée faute d'accord du Sénat sur la formulation, « la République garantit la lutte contre le dérèglement climatique ». La République prétend-elle « abroger » les lois physiques de nature intrinsèquement chaotiques[7] qui président aux aléas météorologiques ? Le site www.meteo-paris.com/chronique rappelle année après année et ce *depuis 1780* les principaux phénomènes météorologiques extrêmes. Principalement liés à la direction des vents, comment la République pourrait-elle « garantir » qu'ils ne se reproduiraient plus ? Responsable d'à peine 1 % des émissions mondiales de CO_2, la France peut-elle « garantir » les choix des émetteurs des 99 % autres ?

À quoi servirait-il que les pays émetteurs responsables de seulement un quart à un tiers des émissions mondiales continuent à les réduire si dans le même

6. www.contrepoints.org/2023/01/04/447380-lannee-2023-va-etre-violemment-sobre

7. Lorenz, E., 1963. Deterministic nonperiodic flow. *J. Atmospheric Sci.* **20**, 130-141.

temps ceux responsables des deux tiers ou des trois quarts continuent à les augmenter ? En imposant la sémantique « phase *down* » (*réduction* progressive) en lieu et place de « phase *out* » (*élimination* progressive) lors de la conférence des parties COP26 à Glasgow en 2021, nombre de pays émergents ont suivi l'Inde pour faire savoir qu'ils continueront à exploiter un charbon abondant et peu coûteux autant et aussi longtemps qu'ils le jugeront bon pour leur développement. Ils l'ont confirmé lors de la COP27 à Charm el-Cheikh en 2022. Ils utiliseront les ressources fossiles tant qu'il y en aura d'accessibles à moindres frais, simplement parce qu'ils en ont désespérément besoin en particulier pour produire une électricité apte à sortir leur population de la pauvreté et de la misère.

« Décarboner » d'ici 2050 ? Quel « carbone » est en cause ? Celui cristallisé dans la structure diamant, « éternel », comme chacun sait ? Le graphite et ses dérivés technologiquement prometteurs qui ont été récompensés par des prix Nobel récents, fullerènes, nanotubes, graphène ? Le carbone qui principalement associé aux atomes d'hydrogène, d'oxygène, d'azote est un constituant indispensable et irremplaçable de notre organisme à l'instar de celui de tout être vivant, animal ou végétal ? S'agit-il de celui associé à deux atomes d'oxygène au sein de la molécule CO_2, que nous expirons en respirant, mais surtout nourriture indispensable à l'existence même et à la croissance de la végétation en général et des plantes nutritives en particulier ? Décarboner selon cette définition serait au détriment de la nature et de la nourriture de huit milliards de nos contemporains en céréales, fruits et légumes, sans compter les pâturages et les fourrages pour les herbivores.

Oui mais le CO_2 est coupable d'un « réchauffement » de la Terre par effet dit « de serre ». Désolé mais dans l'atmosphère, il n'y a *pas de paroi* transparente au rayonnement solaire incident et opaque au rayonnement réémis comme dans une serre. La terminologie est erronée. Toutefois, le plus ancien thermomètre du monde indique effectivement un réchauffement, mais que l'on mesure depuis son invention et sa mise en service en 1660, sous le règne du roi Louis XIV ! Depuis 1945, début de l'accélération des émissions dues à la combustion de ressources fossiles, nous vérifierons que la planète s'est « réchauffée » de 0,4 °C, ***pas de 4 °C, chiffre avec lequel certains se complaisent à prétendre nous effrayer***, non, dix fois moins. Une si faible hausse de 0,4 °C justifie-t-elle la rhétorique alarmiste qui nous est martelée quasi quotidiennement, les taxes carbone, y compris celles aux frontières de l'Europe qui ne manqueront pas de provoquer des mesures de rétorsion de la part des pays taxés ?

Toujours est-il que particuliers, entreprises, administrations sont incités, voire contraints, de se soucier expressément de leur « empreinte carbone ». Puisque l'effet est thermique, ne serait-il pas plus logique de comptabiliser des degrés ou des fractions de degré de réchauffement évité plutôt que de vilipender le « carbone », compte tenu du remarquable bénéfice pour la végétation et les récoltes de son augmentation dans l'atmosphère ? En reprenant les chiffres issus du dernier rapport AR6 du Groupe d'experts (traduction un peu étrange du terme anglais *panel*) **intergouvernemental** sur l'évolution du climat, nous vérifierons que ***chaque tonne de CO_2 émise réchaufferait la planète de 0,0000000000002 °C***. Vous avez bien lu. Certes, s'agissant de conclusions du Giec, il y a matière à examen approfondi et, faites-moi confiance en tant qu'*expert reviewer* accrédité par l'organisme pour ses rapports AR5 et AR6, nous n'allons pas nous priver de chatouiller le dernier digit. Mais peu importe à ce stade puisque les zéros se bousculent déjà derrière la virgule. Si l'on devait écrire l'empreinte thermique sur l'étiquette d'un produit en vente de façon ainsi plus précise que les couleurs arbitraires des classements relatifs A, B, C, D, E, F ou G, il faudrait prévoir des dimensions d'étiquetage d'autant plus grandes que l'effet est petit... Et lors d'un achat, le consommateur serait fondé à poser la question : « Tout ça pour ça ? »

Est-ce à un « Giec régional » s'autoproclamant ainsi « Groupe d'experts » ou à un « comité Théodule », selon l'expression ironique du général de Gaulle, regroupant représentants de collectivités territoriales, Organisations non gouvernementales (ONG), syndicats, patronat et parlementaires, voire à une consultation publique, « d'estimer » quelle sera la hausse de température en France à la fin du siècle ? Quatre degrés Celsius est-il prétendu au doigt mouillé ? Ce chiffre rond « oublie », sciemment ou par incompétence, l'incertitude sur les températures qui atteint 233 % dans le résumé du rapport AR6 du Giec[8]. Nous vérifierons qu'elle est en réalité supérieure.

Les émissions annuelles de notre pays correspondent à 5 tonnes de CO_2 par habitant[9]. L'impact thermique moyen de chacun est ainsi de 0,000000000001 °C selon la meilleure estimation du Giec, donc un total *annuel* de 0,00007 °C cumulé pour 68 millions de Français. En regard de ce chiffre, est-il vraiment fondamental d'évaluer l'impact au moins 68 millions de fois plus faible des « petits gestes » individuels pour « sauver le climat » censés octroyer des indulgences plénières ? La coûteuse isolation thermique des logements, efficiente contre le froid seulement trois à six

8. 0,63 °C/0,27 °C = 233 %, fourchette sur l'incertitude d'échauffement (paragraphe D.1.1).
9. www.globalcarbonatlas.org

mois sur douze sous nos latitudes et ses incitations coercitives[10] laissant craindre un futur krach immobilier, apparaît-elle si urgente ? N'est-elle pas un handicap supplémentaire pour les jeunes cherchant à se loger dans un contexte de grave insuffisance de logements[11] à prix abordable ?

Les chiffres du Giec sont issus de modèles informatiques de climat. Ces modèles sont-ils fiables ? S'ils l'étaient, pourquoi montreraient-ils autant d'écarts entre eux dans leurs projections respectives ? Le prétendu « consensus » scientifique claironné saute-t-il aux yeux si l'on se base non plus seulement sur les projections divergentes des modèles mais si on les compare aux observations issues des sentinelles du climat de la Terre ?

Arguant fort justement que (1) il n'y a pas de sortie de la pauvreté et de prospérité sans énergie, (2) la faiblesse de l'accès à l'énergie dans les pays en développement a des conséquences dramatiques sur l'espérance de vie, (3) six millions d'enfants et de jeunes meurent prématurément dans les pays en développement, Christian Gérondeau élargit le libellé du mouvement américain « *black lives*

10. www.contrepoints.org/2023/05/11/456224-immobilier-en-france-crise-du-logement-et-normes-energetiques

11. www.lemonde.fr/economie/article/2023/05/16/immobilier-la-crise-du-logement-va-s-accompagner-d-une-crise-de-l-emploi-dans-le-batiment-selon-les-professionnels_6173519_3234.html

matter[12] » à « *poor people lives matter*[13] ». Dans nombre de pays, *black* et *poor people*[14] peuvent en effet désigner une seule et même personne. À rebours de ce qui devrait être une préoccupation majeure des Nations unies, elle continue au contraire à tenter d'imposer un néocolonialisme sous le prétexte climatique[15] à grand renfort de conférences des parties (COP) successives. Si elle finissait par réussir à contraindre les États qui veulent sortir leur population de la pauvreté et ne peuvent se permettre d'accorder la priorité à la cessation d'utiliser des combustibles fossiles, à malgré tout adhérer à un échéancier de décarbonation d'ici 2050 :

- le prétendu « consensus » scientifique sur le projet est-il aussi établi qu'une certaine paresse d'esprit l'admet ou feint de l'admettre ?
- Les critères de rationalité et de prédictibilité des recherches scientifiques qui se sont traduites dans quantité d'innovations entretemps devenues omniprésentes dans notre quotidien sont-ils retrouvés dans ce projet ?

---

12. Les vies des Noirs comptent.
13. www.climato-realistes.fr/poor-people-lives-matter
Gérondeau, C., *Le Climat par les chiffres*, éd. L'Artilleur (2023).
14. Les gens pauvres.
15. townhall.com/tipsheet/saraharnold/2023/04/19/african-official-warns-bill-gates-george-soros-to-stop-using-their-continent-as-a-climate-guinea-pig-n2622138

• La Banque mondiale a appelé en 2015 à lever 89 000 milliards de dollars[16] d'ici 2030 pour euthanasier le volet énergétique de l'économie et en reconstruire une décarbonée, opération curieusement présentée comme un investissement. Certes en Absurdie, creuser un trou pour mal le reboucher ensuite alimente le produit intérieur brut (PIB)... Qui paierait une telle facture, alourdie par l'inflation ? Pour la France, le rapport Pisani-Ferry/Mahfouz du 22 mai 2023 en fixe le montant à 67 milliards par an, assorti d'un creusement de la dette d'un montant très supérieur au déficit prévisionnel des régimes de retraite[17].

• S'agissant d'un formidable business, dans les poches ou sur les comptes bancaires de qui irait l'argent ? Au hasard, dans quel paradis fiscal ?

• Supportons-nous que l'Union européenne ait infligé à la France une amende de 500 millions d'euros en 2022, notre pays se trouvant accusé d'avoir pris du retard sur ses projets d'implantations d'éoliennes ? Alors que nous sommes les premiers de la classe en termes de faibles émis-

16. www.worldbank.org/en/news/feature/2015/04/18/raising-trillions-for-climate-finance

17. www.letelegramme.fr/dossiers/tout-comprendre-de-la-reforme-des-retraites/le-systeme-de-financement-des-retraites-est-il-en-deficit-voici-ce-qu-en-dit-vraiment-le-cor-05-01-2023-13252975.php

sions par point de PIB, un tel châtiment relève-t-il d'une affectation recevable de nos impôts ?

• Compte tenu qu'à l'heure actuelle 80 % de l'énergie est produite par des ressources fossiles, la transition vers un « tout-électrique » que l'Organisation des Nations unies et le Parlement européen prétendent nous imposer serait-elle techniquement réalisable dans les délais impartis ?

• Comparé au mix énergétique actuel, quelles pollutions multiples à des niveaux inédits une extraction gigantesque des minerais requis, leur traitement et la masse de déchets créés induiraient-ils ?

• Une intermittence généralisée de la production d'électricité serait-elle sans risque pour le réseau de distribution ? Si l'on pousse le pessimisme au-delà, quelle menace pèserait sur la fréquence des black-out futurs ? Apprécierions-nous de rester coincés des heures dans l'ascenseur ou de subir durant un délai similaire un arrêt de notre métro, de notre RER ou de notre train, surtout si c'était dans l'obscurité ?

• Quelles seraient les principales victimes d'une casse sociale due à une telle transition prématurée et brouillonne sans le recul nécessaire ? Entreprises en faillite ? Métiers condamnés ? Chômage amplifié ? Économie dévastée ? Creusement de la dette ? Coût social ? Inflation ? Chute de pouvoir d'achat ?

• Avec ses critères « environnementaux, sociaux et de bonne gouvernance » (ESG) centrés sur un développement bannissant les ressources fossiles, la « finance climatique » ne fait-elle pas des paris risqués pour les investisseurs, prémices de l'éclatement, après celle d'Internet, puis de celle des subprimes, d'une « bulle climatique » ?

Entreprises, artisans et particuliers ont déjà commencé à durement souffrir de la crise énergétique. Elle apparaît pour partie liée à une invraisemblable indexation du coût de l'électricité sur le prix du gaz naturel dans le cadre d'un marché de l'Union européenne calqué sur l'*energiewende* (transition énergétique) allemande[18]. ***Pour être associé à l'adjectif « naturel », ce gaz n'en est pas moins une ressource fossile, « à effet de serre », en contradiction flagrante avec les objectifs de décarbonation trompetés.*** Que nos dirigeants successifs ne semblent même pas avoir vu venir cette crise énergétique, comme en témoignent les conclusions de la commission d'enquête parlementaire sur « La perte

18. atlantico.fr/article/decryptage/perte-de-souverainete-energetique-maintenant-que-le-diagnostic-de-la-catastrophe-a-ete-etabli-voila-ce-qu-il-est-urgent-de-faire-pour-eviter-la-prochaine-commission-france-industrie-logement-energie-pierre-bentata-loik-le-floch-prigent

de souveraineté énergétique de la France » dans son rapport publié le 6 avril 2023, en dit long sur ce qui nous attendrait si nous n'y prenions garde. Selon les propres mots du président de la commission, « nous sommes passés de l'incompréhension à la surprise puis à la consternation ».

Première partie
Tribulations en Absurdie

Les premiers chapitres sont consacrés au CO_2 et à son rôle aussi indispensable qu'irremplaçable pour la croissance de la végétation et des récoltes dans le contexte de lutte contre la faim dans le monde et d'une population qui a doublé ces cinquante dernières années. Les bénéfices chiffrés risqueraient d'être obérés par le mauvais procès qui lui est fait en termes de cause seule et unique d'un prétendu « dérèglement climatique ». Dérèglement supposerait un « règlement », de fait introuvable aussi bien dans les fluctuations des capteurs de température moyenne de la Terre que dans celles du plus ancien thermomètre du monde. Ces fluctuations sont essentiellement liées à la direction des vents, eux-mêmes résultant des écarts de pression atmosphérique, intrinsèquement chaotiques, donc aléatoires, et que l'on serait bien en peine de corréler à une concentration de CO_2 dans l'atmosphère qui n'excède guère 0,04 %

et dont l'augmentation annuelle reste de l'ordre de 0,0002 %. Les petits calculs de coin de table dans le chapitre du même nom confirmeront que d'ici 2050, année décrétée objectif de neutralité carbone, la fraction anthropique de l'échauffement même évaluée avec les chiffres exagérés du Giec n'excéderait pas 0,2 °C. Les « images dévoratrices » tendent à se substituer à la culture en général et à la culture scientifique en particulier. Elles ont de graves conséquences en terme d'éco-anxiété, en particulier chez les plus jeunes. « Errements de la décarbonation » traite de son coût social, de son coût économique, financier, des graves dégâts collatéraux sur l'environnement et de sa faisabilité technique perfectible dans les délais impartis.

Quête de l'élixir de longue vie

Corrélation n'implique pas relation de cause à effet, absence de corrélation encore moins

La figure suivante compare à l'accroissement du taux de CO_2 dans l'atmosphère, mesuré à l'observatoire de Mauna Loa, l'allongement de l'espérance de vie observé en France en cinquante-cinq ans. Les points s'alignent sur une droite. La corrélation n'est-elle pas superbe ? La conclusion qui s'impose ne serait-elle pas que ce gaz apparaît à l'évidence un bienfait pour l'humanité ? On le sait déjà indispensable à la croissance des plantes. Son augmentation améliore le rendement des récoltes. Ce CO_2 – ce « carbone » – stigmatisé, honni, vilipendé, ce « polluant » en un mot, ne mérite-t-il pas au vu de cette corrélation une éclatante revanche ? Recherché durant des siècles par les alchimistes, l'élixir de jouvence ou de longue vie ne procède-t-il pas de la quête ultime ?

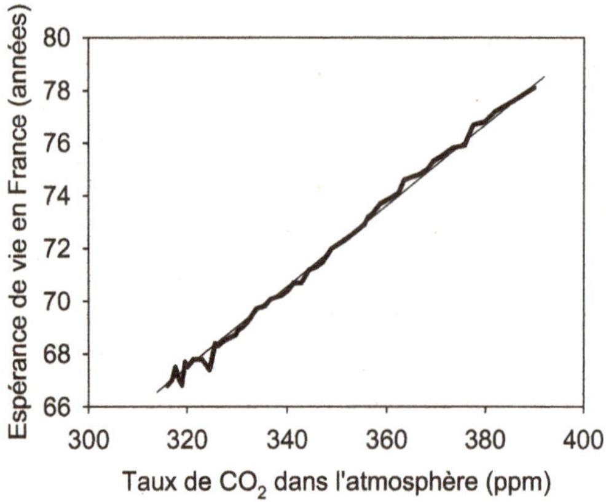

Malheureusement, devant une telle théorie pourtant digne de faire les gros titres d'une certaine presse à sensation, ou le buzz sur la Toile, le physicien trouble-fête rappellera qu'il ne s'agit justement que d'une corrélation. Et si remarquable fût-il, un tel accord ne vaut nullement preuve d'une quelconque relation de cause à effet. La science du climat offre maintes opportunités, surtout si les observations restent locales, de pointer une corrélation. La relation est-elle pour autant probante ? Nous mesurons à travers cette construction se contentant d'utiliser les données disponibles[1] à quel point il est aisé d'induire en erreur. Les alarmistes ne s'en privent pas…

1. *L'Innocence du carbone*, éd. Albin Michel (2013).

Le dioxyde de carbone CO_2 : démoniaque ou bénéfique ?

Le composé indispensable et irremplaçable pour la vie des plantes se pourvoit en cassation

Lorsque le pouvoir et ses relais confondent « pollution » et nourriture de la végétation en général et des plantes nutritives en particulier, on est en droit de s'inquiéter de l'extension des frontières de l'Absurdie. ***Si le dioxyde de carbone était un poison, nous tous qui avons porté un masque facial durant la pandémie ne serions plus là.*** Le masque joue en effet le rôle de barrière contraignant à en réinspirer une partie. Or sa concentration dans notre haleine est quelque 20 fois supérieure à celle de l'air extérieur. Dans les sous-marins croisant longuement en plongée, la concentration de CO_2 peut atteindre jusqu'à 25 fois celle de l'atmosphère. Le gaz carbonique n'est un polluant qu'en Absurdie.

Dans un monde censé rester cartésien, il est au contraire par photosynthèse la source de carbone vitale pour la végétation[1]. Un tiers des émissions de ce gaz ont contribué à verdir la Terre au sens propre, l'équivalent en seulement trente-trois ans d'un sixième continent de 18 millions de kilomètres carrés selon les mesures par satellite[2]. Un tiers des émissions annuelles des années récentes représente 12 milliards de tonnes de CO_2 ($GtCO_2$), soit 3,3 milliards de tonnes de carbone (GtC)[3]. À comparer à 450 GtC, le total de carbone dans la biomasse végétale[4]. L'accroissement annuel est de 3,3/450 = 0,73 %, soit ***24 % de biomasse supplémentaire en trente-trois ans.*** L'accroissement pourrait atteindre 174 GtC d'ici la fin de ce siècle[5], soit une augmentation de 174/450 = 39 %. Les mesures par satellite de la NASA confirment une nette augmentation de l'indice de végétation[6]. Le bénéfice du CO_2 supplémentaire se manifeste tout particulière-

1. Pour plus de détails plante par plante, *Merci au CO_2*, éd. L'Artilleur (2020).
2. Zhu, Z., *et al.*, 2016. Greening of the Earth and its Drivers. *Nature Climate Change.* DOI: 10.1038/nclimate3004
3. 1 GtC = 12 [mole de C]/(12 + 2 × 16 [mole de O]) = 0,27 $GtCO_2$.
4. Bar-On, Y.M., Phillips, R., Milo, R., 2018. The Biomass Distribution on Earth. *PNAS.* doi.org/10.1073/pnas.1711842115
5. Haverd, V., *et al*, 2020. Higher than Expected CO_2 Fertilization Inferred from Leaf to Global Observations. *Global Change Biology* **26**, 2390-2402.
6. climaterealism.com/2021/03/nasa-data-world-is-10-greener-so-far-this-century-thanks-to-co2

ment dans les régions arides où ce gaz contribue à limiter le stress hydrique[7]. En élargissant son champ d'action naturel, la biomasse supplémentaire ne peut qu'être favorable à la biodiversité. En particulier pour les plantes nutritives, le bénéfice en cinquante ans a été de l'ordre de 3 000 milliards d'euros dont 500 milliards pour le riz à lui seul[8]. Les précédents records de production et de rendements de cultures vivrières comme le blé sont dépassés[9]. Un silence assourdissant a accompagné le constat de ces plus-values considérables et essentielles en matière de lutte contre la faim dans le monde lors des vingt-sept *conférences des parties* sous l'égide de l'Organisation des Nations unies qui apparaît dans ce domaine en contradiction flagrante avec son objectif affiché de lutte contre la pauvreté et contre la faim. Faut-il que des intérêts autrement considérables soient en jeu.

Chaque printemps et été, l'atmosphère perd quelque *55 milliards de tonnes de* CO_2 qui la quittent pour nourrir par photosynthèse une végétation

7. Bastin, J.F., *et al*, 2020. The Extent of Forest in Dryland Biomes. *Science* **356**, 635-638.
Lu, X., Wang, L., McCabe, M.F., 2016. Elevated CO_2 as a Driver of Global Dryland Greening. *Scientific Reports* doi:10.1038/srep20716
8. www.masterresource.org/carbon-dioxide/idso-co2-benefits-summary
9. https://fr.irefeurope.org/publications/les-pendules-a-lheure/article/une-production-cerealiere-mondiale-record-pour-2023-2024
wattsupwiththat.com/2023/05/25/record-world-cereal-outputs-forecast-for-2023-24

en pleine croissance. Puis, à mesure que les jours deviennent plus courts dans l'hémisphère Nord – dont la superficie de végétation est supérieure à celle de l'hémisphère austral –, l'air les regagnera en automne et en hiver après la chute des feuilles. Dans les régions riches en végétation, ***l'amplitude de cette oscillation saisonnière s'est accrue plus vite que la concentration de ce gaz***[10]. Elle est une indication précieuse pour nous alerter sur l'état de malnutrition de la flore. L'augmentation moyenne d'un demi pour cent par an de sa concentration dans l'air depuis le début de ce siècle permet de tendre vers le stade où la végétation aura enfin sa quotité de carbone « à sa faim ». Il convient aussi de la voir comme une marge de sécurité car à l'inverse, si sa concentration dans l'atmosphère baissait de seulement 60 %, il n'y aurait plus de végétation sur Terre et donc plus de vie ni animale, ni humaine. Ce serait l'effondrement, le vrai, l'ultime, pas celui imaginé et théorisé par nos effondristes et collapsologues[11].

Plus la couverture végétale augmente, plus diminue la température au sol. Son augmentation a un

10. Paragraphe 4 de *Earth-Science Reviews* **155**, 129-135 (2016). DOI: 10.1016/j.earscirev.2016.02.005, repris dans la figure 2.1 de *Merci au* CO_2, éd. L'Artilleur (2020).
11. wattsupwiththat.com/2023/02/11/the-mass-extinction-fraud

effet local rafraîchissant[12]. Diaboliser le carbone est bien mal rendre justice à son rôle irremplaçable. Dans un sondage en Australie en plein débat sur une taxe carbone, 37 % des sondés répondaient que le « carbone » devrait être banni de la nourriture, voire de son propre corps, en raison de son caractère polluant ! Et ce genre de radiotrottoir continue avec des questions outrageusement orientées. La propagande insidieuse et permanente, source de cette ignorance, fait décidément des ravages.

« Dérèglement » climatique ?

Le dioxyde de carbone est quotidiennement accusé de « dérégler » la météo et le climat de la Terre. Qu'en est-il ? Parler de dérèglement suppose qu'un ordre établi, justement réglé comme du papier à musique, aurait prévalu de longue date et qu'il serait en passe d'être détérioré. Lorsqu'on observe les trois cent soixante ans d'enregistrement mensuel de température du plus ancien thermomètre du monde[13], on constate effectivement une hausse de température moyenne depuis le dernier petit âge glaciaire. Le recul des glaciers de montagne initié depuis trois siècles

12. Li, Y., *et al*, 2023. Biophysical Impacts of Earth Greening Can Substantially Mitigate Regional Land Surface Temperature Warming. *Nature Comm.* DOI: 10.1038/s41467-023-35799-4

13. www.metoffice.gov.uk/hadobs/hadcet/cetml1959on.dat

peut s'expliquer par une telle hausse. Le minimum de Maunder observé de 1645 à 1715 était corrélé à une absence prolongée de taches solaires, cause de froid, de mauvaises récoltes et de famines historiquement documentés. En revanche, les *fluctuations* de températures de part et d'autre de la moyenne ont de tous temps été de fréquence et d'amplitude similaires de sorte que l'on serait bien en peine de discerner un « règlement » et de repérer le début d'un quelconque « dérèglement ».

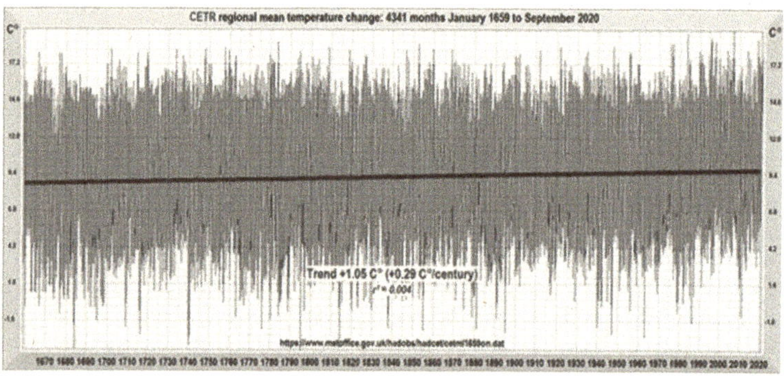

Valeurs mensuelles de température moyenne mesurées de janvier 1659 à fin 2020 par le plus ancien thermomètre du monde, Central England.

Les mesures de température moyennées non plus sur un mois mais sur un an montrent que cette hausse a commencé bien avant les émissions de CO_2 *avec lesquelles elle n'apparaît nullement corrélée.*

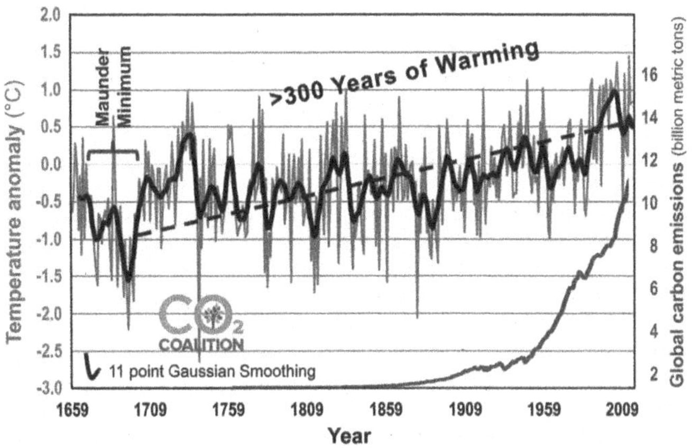

Valeurs moyennes annuelles de température mesurées de janvier 1659 à 2010 par le plus ancien thermomètre du monde, Central England, comparées aux émissions de CO_2[14].

Contrairement aux insinuations dont nous abreuvent les médias, les émissions de CO_2 ne peuvent commander la météo. Ce n'est pas un climato-réaliste – défini comme plus attentif aux mesures des sentinelles du climat *réel* qu'aux projections de modèles informatiques de climat *virtuel* – qui le dit mais les conclusions du dernier rapport AR6 du Giec. Le paragraphe D.1.1, page 28, du *Résumé à l'intention des décideurs* (SPM) stipule en effet que chaque 1 000 milliards de tonnes de CO_2 réchaufferaient la Terre de 0,45 °C, meilleure estimation d'une fourchette

14. co2coalition.org/wp-content/uploads/2021/04/CET.jpg

encore bien trop large[15]. En 2021, sur les 36 milliards émis, soit 4,6 parties par million (ppm) d'un volume d'air[16], on ne trouve que 2,1 ppm mesurées à l'observatoire de Mauna Loa[17], la référence selon le Giec, ainsi qu'à d'autres endroits dans le monde, soit de l'ordre de 16 milliards[18]. *Où sont passés les 20 milliards restants ?*

Le paragraphe A.1.1 du rapport AR6 SPM le précise. Cinquante-six pour cent des émissions contribuent justement à nourrir les plantes et aussi le phytoplancton marin, le reste se trouvant dissous dans l'eau des océans. Elles ne restent pas dans l'atmosphère et ne peuvent donc contribuer à l'effet dit « de serre ». En reprenant la valeur du Giec, les émissions de l'année 2021 auraient ainsi réchauffé la Terre de 0,45 °C × 16/1 000 = 0,007 °C. Sept millièmes de degré par an valident-ils l'improbable sémantique « comment s'habiller sans DÉTRUIRE le climat[19] » ? Inflation des mots, quand tu nous

15. Paragraphe D.1.1 de l'AR6 SPM, page 28 : « chaque 1 000 GtCO2 d'émissions de CO_2 cumulées devraient probablement causer un accroissement de 0,27° à 0,63° de la température de surface globale avec une meilleure estimation de 0,45 °C ».

16. 36 $GtCO_2$/(7,8 $GtCO_2$/ppm) = 4,6 ppm.

17. gml.noaa.gov/webdata/ccgg/trends/co2/co2_annmean_mlo.txt

18. 2,1 ppm × 7,8 $GtCO_2$/ppm = 16 $GtCO_2$.

19. www.lemonde.fr/podcasts/article/2022/10/04/comment-s-habiller-sans-detruire-le-climat-et-la-biodiversite_6144295_5463015.html

tiens… Au fait quel climat ? Pas moins de 31 différents sont recensés dans la classification de Köppen[20].

Six degrés Celsius séparent la température moyenne dans les Ardennes de celle du pourtour méditerranéen. Durant la période estivale, des « réfugiés climatiques » niçois se ruent-ils en masse vers le nord de la France ? Convenons que l'inverse est plutôt constaté. Par une belle journée printanière en l'absence de couverture nuageuse, remercions le soleil pour couramment 15 °C d'écart entre un petit matin frisquet et un après-midi agréable, écart qui nous est familier et ne semble nullement nuire à notre espérance de vie, pas davantage à celle des animaux qui vivent dehors, ni à la végétation. Quinze degrés Celsius sont 2 143 fois supérieurs à 0,007 °C… Trois ordres de grandeur séparent ainsi une amplitude météorologique *quotidienne* couramment observée en l'absence de nuages et la contribution anthropique *annuelle* selon les propres chiffres du Giec. Les deux métriques ne jouent clairement pas dans la même cour. Il convient d'ajouter aux écarts quotidiens ceux dus aux saisons pour atteindre des dizaines de degrés entre le plus chaud l'été et le plus froid l'hiver. Sept millièmes de degré *par an* est trop imperceptible

20. Fig. 7 de co2coalition.org/wp-content/uploads/2022/09/2022-09-22-Lindzen-global-warming-narrative.pdf

pour jouer le moindre rôle significatif sur la météo *du jour*.

En revanche, comme l'avait montré Torricelli, l'inventeur du baromètre, le temps qu'il fait dépend de la *pression atmosphérique* et de ses écarts. Plus elle est basse, plus le temps qu'il fait est venteux, pluvieux, voire tempétueux si la pression est très basse, alors que si elle est élevée, le temps est beau, voire sec. En France, si le vent lié aux écarts de pression souffle en provenance du nord, il fait plus froid que s'il est orienté au sud. Nos anciens, surtout s'ils étaient paysans, intégraient parfaitement cette relation et scrutaient le baromètre ainsi que la girouette au sommet du clocher du village qui indiquait la direction du vent.

Les évènements météorologiques extrêmes obéissent à des mécanismes chaotiques, imprévisibles de par leur nature même. Pourtant, trop de neige ou son absence sont imputées d'autorité au même bouc émissaire bien commode, les émissions de CO_2[21]. Toutefois, contrairement au narratif courant, la tendance durant ce début de siècle ne plaide pas à l'échelle mondiale pour une accélération des caprices dévastateurs de la nature.

21. www.americanthinker.com/blog/2023/03/time_for_leftist_media_to_terrify_people_with_articles_about_snow.html

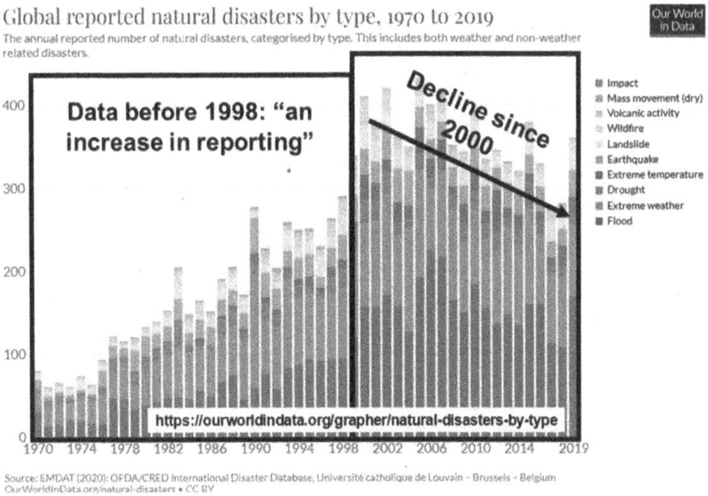

Catastrophes naturelles par catégories : activité volcanique, feux de forêts, glissements de terrains, séismes, températures extrêmes, sécheresses, évènements météorologiques extrêmes, inondations. La tendance est plutôt à leur diminution depuis le début de ce siècle[22]. La rupture de série en 1999 peut s'expliquer par le manque de maturité des bases de données antérieures.

Localement, leurs conséquences peuvent être amplifiées en l'absence de politiques de prévention à la mesure de la croissance de la population. Il y a un siècle, la Terre ne comptait que 2 milliards d'habitants. La population est passée de 3 milliards en 1960 à 4 milliards en 1975. Elle a doublé depuis. Mais la mortalité liée aux évènements météorologiques

22. co2coalition.org/wp-content/uploads/2023/02/2023-02-23-Challenging-Net-Zero-with-Science.pdf

extrêmes (inondations, sécheresses, cyclones, températures extrêmes, plus chaudes ou plus froides) a, elle, considérablement diminué ***passant d'un demi-million de décès annuels en 1925 à cinquante fois moins de nos jours***[23]. Rapportées au PIB mondial, les conséquences économiques des évènements météorologiques extrêmes ont globalement eu tendance à se réduire d'un quart ces trente dernières années selon la Banque mondiale et les assureurs[24].

Climat réel observé et climat virtuel estimé par des modèles informatiques

Le climat est habituellement défini comme la température moyenne de la Terre sur trente ans. Encore que l'on peut se montrer quelque peu sceptique quant à la signification d'une moyenne – annuellement annoncée de façon hautement ridicule au centième de degré près alors que le seuil de précision admise sur ce type de moyenne est sept fois supérieur – comportant les 55 °C de la vallée de la Mort en été et les quelque –60 °C mesurés simultanément au pôle Sud alors plongé dans la longue nuit hivernale. Ce d'autant plus que les incertitudes cumulées sur les mesures des thermomètres

23. www.laquestionclimatique.org/30-catastrophes.htm
24. rogerpielkejr.substack.com/p/dont-believe-the-hype

atteignent ±1,94 °C[25], relativisant considérablement l'amplitude réelle du réchauffement au XXe siècle.

La dispersion des modèles de climat repris dans les rapports successifs du Giec ressemble à celle des plombs sortant du canon d'un fusil de chasse. Au mieux un seul donnera une projection correcte, mais plus probablement aucun d'entre eux car non seule-

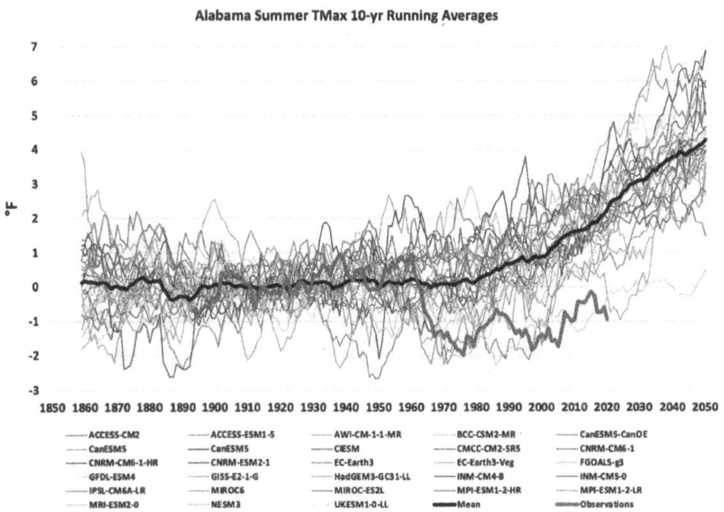

Modèles de climat repris par le Giec comparés aux moyennes sur dix ans des relevés de températures estivales maximales en Alabama depuis 1890[26].

---

25. Franck, P., 2023. LiG Metrology, Correlated Error, and the Integrity of the Global Surface Air-Temperature Record. *Sensors* **23**, 5976.
26. www.nsstc.uah.edu/aosc/climatechangePDF/AlabamaClimatePracticalGuide_hires.pdf

ment les modèles de climat ne sont pas sur la trajectoire des observations mais ils en divergent, comme le montre le climatologue d'État, le professeur John Christy de l'Université d'Alabama à Huntsville (UAH).

En se basant non sur une moyenne de projections de climat *virtuel* qui se contredisent exagérément les unes les autres, mais de façon plus *réelle* sur le spectre infrarouge d'émission thermique du CO_2 atmosphérique, 0,21 °C sur trente ans voit sa valeur rabaissée à un dixième de degré[27]. À vrai dire, considérer un ou deux dixièmes de degré ne revêt pas une telle importance car personne ne peut ressentir au doigt mouillé un si faible écart, surtout sur trente ans.

Les océans ne risquent ni de « déborder » ni de « bouillir »

Le professeur Nix-Axel Mörner, géophysicien suédois, nous a quittés fin 2020. Avec plus de 650 travaux publiés dans des revues internationales à comité de lecture, il connaissait mieux les océans que Neptune lui-même. Il conclut à une hausse qui n'excède pas ***10 centimètres par siècle***[28]. De fait, la hausse

27. *Cf.* chapitre « Puissance d'investigation de la spectrométrie infrarouge ».
28. Mörner, N.A., 2016. Rates of Sea Level Changes – A Clarifying Note. *Int. J. Geosciences* 7, 1318-1322 – Mörner, N.A., 2017. Our Oceans-Our Future: New

du niveau des océans mesurée par 2 133 marégraphes ressort à 1,04 ± 0,45 mm/an[29]. Elle tient compte de la tectonique des plaques qui provoque l'élévation de certains rivages tandis que d'autres tendent à s'enfoncer[30]. La hausse moyenne mesurée par les marégraphes n'est qu'un tiers de celle des mesures TOPEX, puis JASON 1 à 3 d'altimètres embarqués dans des satellites. La différence peut s'expliquer par le fait que la hausse altimétrique a été *calibrée* à partir des valeurs données par seulement *certains* marégraphes, choisis à dessein. L'altimètre du satellite ENVISAT indiquait une hausse de seulement 0,5 mm/an mais il a cessé ses émissions (panne ou euthanasie ?) peu après qu'un comité *ad hoc* l'a mis au pas en multipliant d'autorité par non moins de 4,4 la trop faible hausse qu'il indiquait... Durant leurs périodes d'activité respectives, TOPEX a rapporté une hausse de 2,5 cm, JASON 1 de 2 cm, JASON 2 de 3,5 cm. Mais l'incertitude sur ce type de mesure est reconnue de 3 à 4 centimètres... La prétendue hausse de 3 mm/an s'évanouirait-elle à

Evidence-based Sea Level Records from the Fiji Islands for the Last 500 years Indicating Rotational Eustasy and Absence of a Present Rise in Sea Level. *Int. J. Earth Environ. Sci.* **2**, 137 – Mörner, N.A., Matlack-Klein, P., 2017. Sea Level Change in Fiji. *J. Aquaculture & Marine Biology* **6**, 00170 – Mörner, N.A., Matlack-Klein, P., 2017. New Records of Sea Level Changes in the Fiji Islands. *Oceanography & Fisheries.* DOI: 10.19080/OFOAJ.2017.05.555666

29. Parker, A., Ollier, C.D., 2017. Short-Term Tide Gauge Records from One Location are Inadequate to Infer Global Sea-Level Acceleration. *Earth Syst Environ* **1**, 17.

30. notrickszone.com/2023/02/07/sea-level-is-stable-around-the-world-the-good-news-the-media-dont-want-us-to-hear

l'approche de la plupart des côtes ? Soixante-cinq pour cent des 2 133 marégraphes indiquent un niveau de la mer stable, voire en baisse pour 4 % d'entre eux, comme à Stockholm.

Cette faible hausse de 1 mm/an est à comparer à une hausse de 120 m, à un rythme ayant pu atteindre jusqu'à 4 m par siècle, intervenue il y a dix mille ans par suite de la fonte des vastes étendues enneigées et glacées à la fin du dernier âge glaciaire, toute dernière manifestation en date des cycles de Milankovitch liés au changement de paramètres orbitaux de la Terre. La hausse a considérablement ralenti il y a sept mille ans mais elle continue lentement[31]. Les hausses contemporaines restent par ailleurs dérisoires devant l'amplitude des vagues par gros temps ou des grandes marées qui peuvent atteindre 15 m dans la baie du Mont-Saint-Michel, soit 15 000 fois la hausse annuelle mesurée par le marégraphe de Brest, 1 mm/an depuis trois cents ans. Une hausse similaire de 1,04 mm/an a été enregistrée à Saint-Nazaire depuis 1863. Quel riverain ne saurait s'adapter à 3 cm supplémentaires d'ici 2050 ? Un ou deux dixièmes de degré supplémentaire d'ici 2050 ne pourraient apporter qu'une correction submillimétrique aux 3 cm de cette très lente hausse.

31. alarmistclaimresearch.files.wordpress.com/2020/12/ac-rebuttal-sea-level-122620.pdf

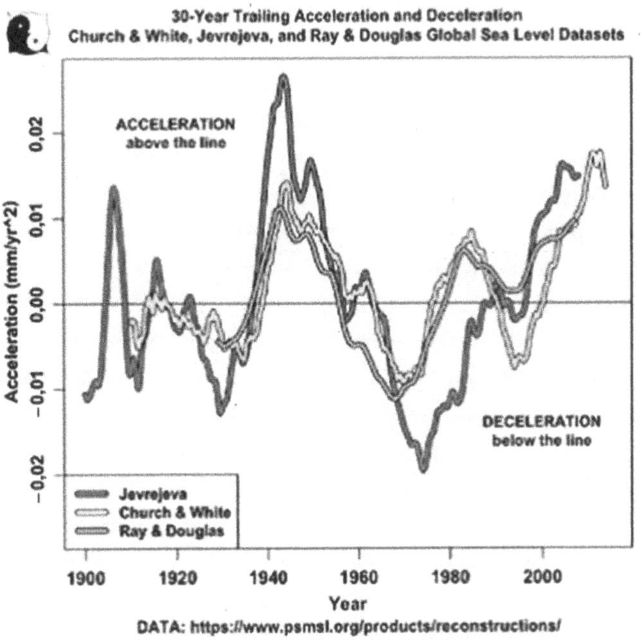

Séquences d'accélérations et de décélérations de la hausse du niveau des océans alternant à peu près tous les trente ans selon les travaux de trois équipes repris par le Giec dans son rapport AR5[32].

Une accélération de la hausse du niveau des océans est-elle observée ? Oui parfois car les accélérations précèdent et suivent des décélérations d'amplitude équivalente. Elles sont vraisemblablement reliées aux oscillations Atlantique (AMO) et Pacifique (PDO)

32. Figure 5 du rapport *The Frozen Climate Views of the IPCC* (mai 2023) téléchargeable sur clintel.org

multidécennales qui présentent une période d'une soixantaine d'années.

Pour suggérer un épouvantable cataclysme, quelques climatologues en mal de publicité tapageuse ont susurré à Al Gore, qui s'est empressé de le théâtraliser au Forum économique mondial de Davos car sans nul doute tient-il à la longévité de sa poule aux œufs d'or[33], de traduire en cumul d'énergie de déflagration de six cent mille bombes nucléaires de la puissance de celle d'Hiroshima l'augmentation quotidienne de chaleur dans les océans[34]. Il faudrait lui expliquer, ce qu'apparemment n'ont pas fait ses amis climatologues, que le rayonnement thermique de la molécule de CO_2 est absorbé par seulement quelques micromètres d'épaisseur d'eau à la surface des océans reléguant leur « chauffage » à un effet marginal. La chaleur massique de l'eau se trouvant 3 400 fois supérieure à celle de l'air, c'est plutôt l'eau, elle-même chauffée par le soleil, qui chauffe l'air, fort peu l'inverse. Les océans se « réchauffent » en volume de seulement *0,0004 °C par an*[35]. À ce rythme, ils ne sont pas prêts de « bouillir »[36].

33. www.dailymail.co.uk/news/article-11653723/How-Al-Gore-300m-climate-alarmism-Former-VP-fortune-losing-George-W.html
34. www.foxnews.com/media/al-gore-goes-unhinged-rant-about-rain-bombs-boiled-oceans-other-climate-threats-davos
35. Wunsch, C., Heimbach, P., 2014. Bidecadal thermal changes in the abyssal ocean. *J. Phys. Oceanogr.* **44**, 2013.
36. www.climato-realistes.fr/les-oceans-sont-en-feu

L'alarmiste en chef, secrétaire général des Nations unies, n'a sans doute pas souhaité être en reste en déclarant : « L'ère de l'ébullition mondiale est arrivée[37]. » Il faudrait prendre le temps de lui expliquer ainsi qu'aux médias qui reprennent obséquieusement sa déclaration que l'eau ne bout pas à 15 °C.

Bonne nouvelle, après le pic de température El Niño[38] de 2016 qui les avaient affectées, les barrières de corail se reconstituent à grande vitesse[39]. Un tel pic de température est dû à un affaiblissement momentané des alizés soufflant d'est en ouest dans le Pacifique, permettant un retour tout aussi momentané d'eaux chaudes de surface. En juillet 2023, El Niño était à nouveau à l'œuvre, semblant vouloir provoquer un nouveau pic de températures et ses conséquences météorologiques, car si l'air chauffe l'eau à la marge, l'eau en revanche chauffe l'air. S'y ajoutent les conséquences de l'éruption sous-marine du volcan Tonga-Hunga qui a envoyé dans la stratosphère une grande quantité de vapeur d'eau, principal gaz dit « à effet de serre[40] ».

37. www.climato-realistes.fr/lere-de-lebullition-mondiale-est-arrivee
38. climatechangedispatch.com/el-nino-natures-ginormous-climate-change-battery
39. www.thegwpf.org/content/uploads/2022/08/Ridd-Record-Coral-GBR.pdf
40. www.climato-realistes.fr/lirruption-du-volcan-tonga-hunga-a-provoque-une-injection-sans-precedent-de-vapeur-deau-dans-la-stratosphere

Quant à la prétendue acidification des océans, qu'en est-il ? Les océans ne sont nullement acides. Pour qu'ils le soient, il faudrait que leur pH (potentiel hydrogène) soit inférieur à 7. Or il est de 8,1. Il a certes évolué de 8,2 à 8,1 ces dernières décennies mais on reste très loin du compte. « Débasification », en l'occurrence de 0,1 point de pH, devrait être la terminologie à employer au lieu de la trompeuse « acidification », certes plus vendeuse aux yeux de certains. La concentration de CO_2 est maximale dans les eaux froides parce que sa solubilité augmente à mesure que diminue la température. Les eaux chaudes sous les tropiques ont davantage de mal à le retenir. La variation annuelle de pH d'origine anthropique n'excède pas –0,0017[41], valeur reprise par le Giec. Elle reste excessivement faible devant 8,1.

Cryosphère

Mais les glaces fondent ! Avec 90 % de toute la glace mondiale, la calotte Antarctique est de très loin le plus grand glacier du monde. Fond-elle ? Pas vraiment[42],

41. Byrne, R.H., Mecking, S., Feely, R.A., Liu, X.W., 2010. Direct Observations of Basin-Wide Acidification of the North Atlantic Pacific Ocean. *Geophys. Res. Lett.* **37**, L02601.

42. notrickszone.com/2023/01/20/antarcticas-missing-warming-japanese-syowa-station-shows-cooling-since-1977

en dépit d'une chaîne de jeunes volcans jouxtant le littoral ouest[43]. Sa température mesurée par satellite depuis 1979 reste uniforme[44], comme le montre Ole Humlum (climate4you.com) mois après mois.

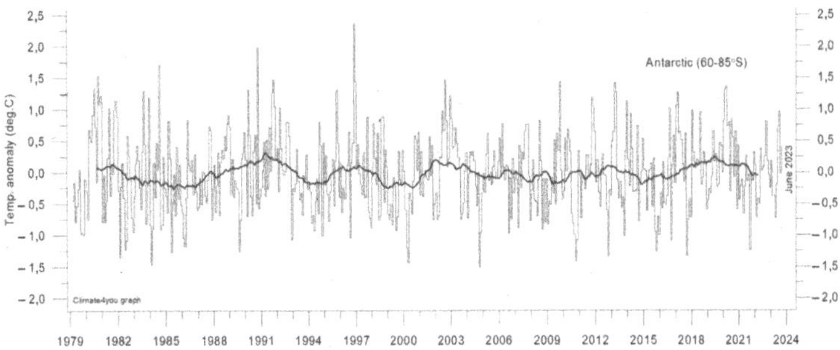

La masse de glace a augmenté de 661 milliards de tonnes entre 2009 et 2019[45]. Quant aux icônes symboles de l'Arctique, les ours blancs, avec une population qui a triplé en soixante ans[46], ils se portent bien, merci pour eux. Ceux qui apprécient moins, ce sont les phoques. L'ours blanc en consomme une cinquantaine par an.

43. Artemieva, I.M., 2022. Antarctica Ice Sheet Basal Melting Enhanced by High Mantle Heat. *Earth Sci. Rev.* **226**, 103954.
44. Singh, H.A., Polvani, L.M., 2020. Low Antarctic Continental Climate Sensitivity Due to High Ice Sheet Orography. *Climate & Atmospheric Science.* DOI: 10.1038/s41612-020-00143-w
45. Andreasen, J.R., Hogg, A.E., Selley, H.L., 2023. Change in Antarctic Ice Shelf Area from 2009 to 2019. *The Cryosphere* **17**, 2059-2072. DOI: 10.5194/tc-17-2059-2023
46. www.climato-realistes.fr/wp-content/uploads/2023/02/StateofPolarBears-2021-francais-V4.pdf

Tout ça pour ça ?

Lors de la COP27, vingt-septième conférence des parties sous l'égide de l'ONU, qui s'est tenue à Charm el-Cheikh, le Premier ministre de Tuvalu appelait à des réparations pour les pays à risque. Tuvalu est à une altitude moyenne de 2 m. L'élévation continue du niveau de la mer submergera-t-elle cette île ? C'est le contraire qui est observé avec une augmentation de sa superficie de 3 % ces dernières décennies. Un processus d'accrétion transfère à la surface de l'île les sédiments marins, contrebalançant la faible hausse le long des côtes. Contrairement au discours, certes de bonne guerre, de ses dirigeants œuvrant sur ce prétexte pour attirer des subsides en provenance de pays occidentaux, les Maldives ne semblent pas davantage menacées[47]. La superficie des îles du Pacifique et de l'océan Indien s'est accrue de 6 %[48]. Plus globalement, est observé un accroissement de superficies des continents en général[49] et des plages en particulier[50].

47. Kench, P.S., *et al*, 2023. Reef Islands Have Continually Adjusted to Environmental Change over the Past Two Millennia, *Nature Commun.* DOI: 10.1038/s41467-023-36171-2

48. Holdaway, A., Ford, M., Owen, S., 2021. Global-scale Changes in the Area of Atoll Islands During the 21st Century. *Anthropocene* **33**, 100282 – notrickszone.com/2023/04/15/tropical-paradise-islands-are-not-sinking-and-shrinking-most-are-in-fact-growing

49. Donchyts, G., *et al*, 2016. Earth Surface Water Change over the Past 30 Years. *Nature Climate Change* **6**, 810-813.

50. Luijendijk, A., *et al*, 2018. The State of the World's Beaches. *Nature Sci. Rep.* DOI: 10.1038/s41598-018-24630-6

Au lieu de procéder plus sobrement par téléconférence, la COP27 a réuni des dizaines de milliers de personnes dans des hôtels climatisés avec piscines privées. Si l'on extrapole l'accroissement du nombre de participants des 27 dernières COP, ils semblent à ce point apprécier ces grands-messes que leur nombre atteindrait quelque 400 000 à la COP100, 100e dernière chance revendiquée de « sauver la planète » ? Comment ont-ils rallié le sud du Sinaï ? À pied ? En bicyclette ? En trottinette électrique ? Non, l'immense majorité est venue en avion y compris dans des centaines de jets privés.

Un « réchauffement » – on hésite à écrire le mot tant le fossé est abyssal entre le ressenti et le terme utilisé – d'un ou deux dixièmes de degré donne-t-il quelque crédit à une menace existentielle ? Telle qu'il faille impérativement et urgemment détruire l'économie actuelle en interdisant de façon coercitive d'ici l'échéance imposée de 2050 les quelque 80 % actuels d'énergie d'origine fossile qui l'alimente ? Et surtout sans alternative crédible car ne serait-ce que reconstruire une économie décarbonée privilégiant le « tout-électrique » ne pourrait s'opérer qu'à grand renfort d'énergies fossiles et surtout d'un pillage sans précédent de ressources minérales. On ne ferait nullement dans la sobriété, au contraire.

Est-il raisonnable de dilapider 89 000 milliards de dollars d'ici 2030 selon la Banque mondiale[51] ? Ce chiffrage date de 2015 avant l'inflation galopante. Le devis a été réévalué à quelque 150 000 milliards lors de la COP26. Une hausse de température aussi imperceptible justifie-t-elle de réduire le niveau de vie de nombre de personnes, les confinant dans une pauvreté induite par une précarité énergétique imposée et surveillée par une bureaucratie aussi envahissante que tatillonne, complétée d'une fiscalité toujours plus oppressive ?

La croissance économique, pilier de l'augmentation de l'espérance de vie en bonne santé et du mieux-être, s'inscrit dans notre patrimoine. La croissance n'implique pas nécessairement de faire davantage appel aux ressources de la planète. Grâce aux progrès avérés en matière d'efficacité énergétique, l'énergie économisée par point de PIB augmente de l'ordre de 1 % par an. S'y ajoutent les gains de productivité. En 1800, l'immense majorité du milliard d'habitants vivait dans la pauvreté pour ne pas dire dans la misère. De 1988 à 2018, le nombre de personnes affectées par l'extrême pauvreté a été divisé par 2,5, passant selon la Banque mondiale de 1,7 milliard en 1988, 34 % de la population mondiale, à 660 millions en 2018, soit 9 % d'une population qui a bondi

51. www.worldbank.org/en/news/feature/2015/04/18/raising-trillions-for-climate-finance

entretemps de 5,1 milliards à 7,6 milliards. L'objectif des pays émergents est de permettre aux plus pauvres de leurs habitants d'avoir accès à une électricité peu coûteuse. Les grands émetteurs de CO_2 comme l'Inde et la Chine, cette dernière consommatrice à elle seule de la moitié du charbon mondial, ont fait savoir qu'ils privilégieront des solutions alternatives aux fossiles quand elles seront devenues économiquement rentables. Si elles l'étaient déjà, il n'y aurait pas besoin de les subventionner massivement, tout en entravant financièrement le développement des énergies fossiles[52].

Contributions naturelle et anthropique à la hausse modérée des températures

La figure suivante montre que la Terre s'est réchauffée d'à peu près 1 °C depuis la fin du XIXe siècle pour des causes principalement naturelles. ***Soixante pour cent de cette hausse est en effet intervenue entre 1910 et 1945 avant l'accélération des émissions de*** CO_2***. Depuis, un accroissement de 0,4 °C observé depuis 1945, soit 0,05 °C par décennie, reste 3 fois moindre que l'augmentation naturelle de 0,6 °C***

52. www.lemonde.fr/planete/article/2023/02/23/bnp-paribas-premiere-banque-assignee-en-justice-pour-son-financement-des-energies-fossiles_6162941_3244.html

***mesurée entre 1910 et 1945, ainsi observée dans une période où les émissions de CO_2 étaient trop faibles pour l'expliquer*[53].**

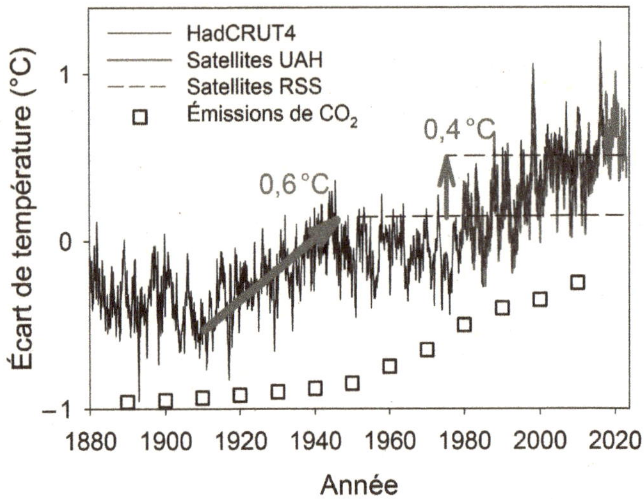

Si l'on reporte les *mêmes données mensuelles, non lissées*, de température moyenne de la Terre non plus en termes d'écart comme dans la figure ci-dessus mais sur une échelle de « ressenti » habituel en France entre 0 et 30 °C dans la figure suivante, la prétendue « catastrophe » climatique ne saute pas franchement aux yeux.

53. Ring, M.J., Lindner, D., Cross, E.F., Schlesinger, M.E., 2012. Causes of the Global Warming Observed since the 19th Century. *Atmos. Clim. Sci.* **2**, 401-415.

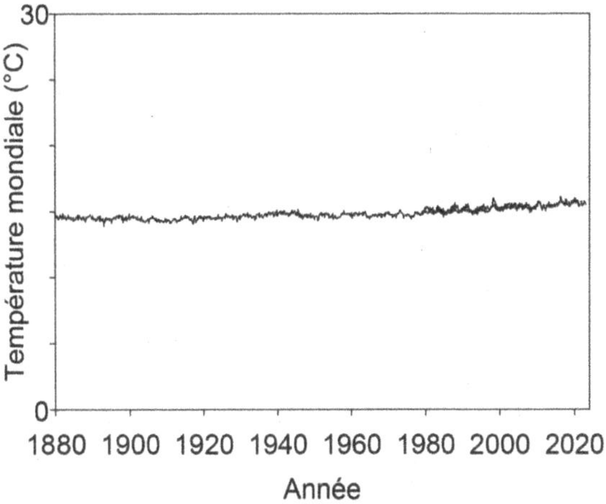

Dans les deux figures précédentes, les mesures par satellite disponibles depuis 1979 sont privilégiées car celles effectuées par des stations météorologiques accordent une importance excessive à un capteur situé loin de tous les autres. Plusieurs séries de températures remontant à 1880 sont disponibles. Intéressons-nous à celles du GISS de la NASA. Comparons les moyennes sur deux décennies, 1880-1890 et 1970-1980, les deux extrêmes des variations annuelles ***publiées en 1981 par le directeur du GISS lui-même*** et ses collègues[54]. Dans cette publication, un écart de température

54. Hansen, J., Johnson, D., Lacis, A., Lebedeff, S., Lee, P., Rind, D., Russell, G., 1981. Climate Impact of Increasing Atmospheric Carbon Dioxide. *Science* **213**, 957-966.

de seulement 0,35 °C y est rapporté entre ces deux décennies. Sans doute n'était-ce pas suffisant comme point de départ de l'alarmisme climatique prôné par ce directeur lors d'une intervention restée célèbre devant le Sénat américain en 1988. Le GISS a donc plusieurs fois « ajusté » cet écart sur son site, comme reporté dans la figure suivante.

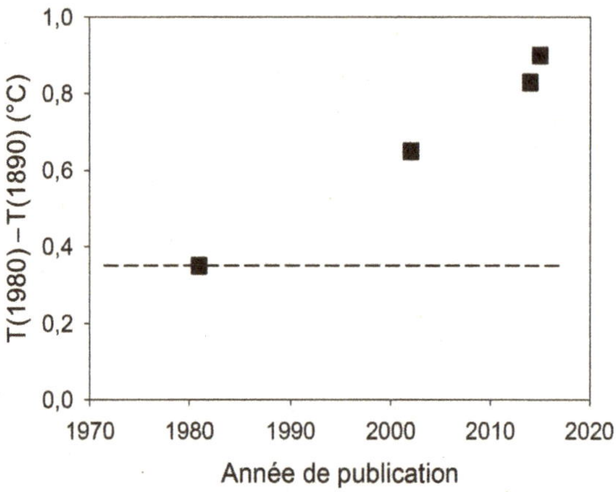

Les corrections sont devenues supérieures à l'écart de température mesuré initialement ! Voilà qui facilite l'affirmation selon laquelle les années les plus récentes sont les plus chaudes… On comprendra que ce ne soit pas la série de températures retenue dans les deux figures précédentes. Ce sont celles du Hadley Center britannique qui pratique également des « homogénéisations » mais, semble-t-il, portant un peu moins à conséquence.

La théorie de l'effet de serre atmosphérique stipule par ailleurs que si la basse troposphère doit se réchauffer, même si 0,05 °C par décennie reste des plus modeste, parallèlement la stratosphère devrait se refroidir. L'Université d'Alabama à Huntsville publie les mesures par satellite des températures de la stratosphère (TLS) vers dix-sept kilomètres d'altitude[55].

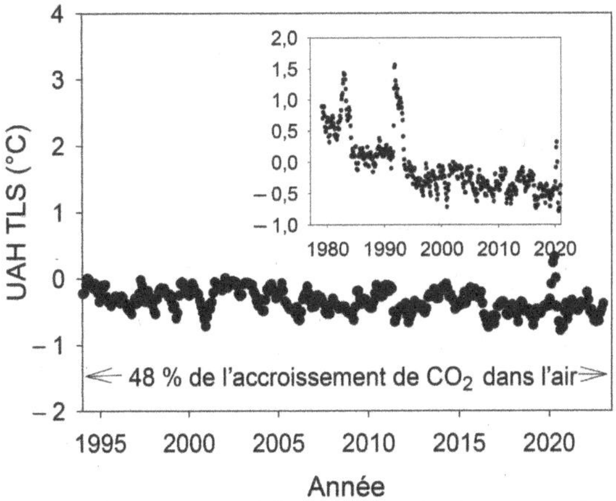

L'encadré montre deux pics correspondant aux émissions d'aérosols dans la stratosphère dues aux éruptions des volcans El Chichon en 1982 et

55. www.drroyspencer.com/2023/01/uah-global-temperature-update-2022-was-the-7th-warmest-of-44-year-satellite-record

Pinatubo en 1991. On constate que depuis 1993, après les perturbations dues à ces éruptions, la température est restée constante aux fluctuations près. Or, c'est tout de même près de 50 % de l'augmentation de CO_2 dans l'atmosphère qui correspond à cette période atone.

La température moyenne de Singapour, ville-état située au sud de la Malaisie, une des plus chères du monde avec New York, est 22 °C supérieure à celle d'Oslo, capitale de la Norvège. Ce n'est pas un ou deux dixièmes de degré supplémentaire qui changera quoi que ce soit à leur prospérité économique, à la santé et au bien-être de leurs habitants. ***Un tel écart de 22 °C questionne frontalement l'objectif obsessionnel des 27 COP de limiter l'augmentation de température de la Terre à 1,5 °C depuis le début de l'ère industrielle, donc de 0,5 °C supplémentaire si l'on défalque 1 °C de hausse déjà intervenue.***

L'indicateur de température extérieure permet aisément de vérifier que durant la phase ascensionnelle d'un voyage en avion, le gradient thermique vertical est de 6,5 °C par kilomètre d'altitude. 0,1° à 0,2 °C d'ici 2050 correspond à un dénivelé de 15 à 30 m dont on ne ressent évidemment pas l'écart de température en parcourant une région tant soit peu vallonnée.

Les pays émergents se contrefichent de l'éventuel 0,5 °C supplémentaire d'ici on ne sait quand vu l'incertitude de quelque 300 % sur la sensibilité climatique reconnue par les rapports successifs du Giec, 233 % avouée dans le dernier. Le rythme actuel observé n'excédant pas 0,05 °C par décennie laisse le temps de voir venir. Ils se moquent davantage encore de 0,1 à 0,2 °C d'ici 2050. Ils ont d'autres priorités et de plus graves sources d'inquiétude, dans l'ordre décroissant inflation, pauvreté, inégalité sociale, crime, violence, chômage, corruption financière, corruption politique, santé, impôts, le changement climatique arrivant bon dernier, Ipsos confirmant le mauvais classement du dernier item[56]. Comment ne pas s'interroger quant à une gabegie d'une bonne centaine de milliers de milliards pour éviter un ou quelques dixièmes de degré alors que des métropoles et leurs alentours se développent très bien en dépit d'écarts de température moyenne pouvant atteindre 22 °C ? Décidément, on est effaré de constater jusqu'où s'étendent les frontières de l'Absurdie.

---

56. fr.statista.com/infographie/29416/la-part-des-repondants-estimant-que-les-sujets-suivants-sont-parmi-les-plus-inquietants-dans-leur-pays
wattsupwiththat.com/2023/07/28/climate-change-weekly-478-backlash-polls-confirm-climate-change-is-low-priority-issue
www.ipsos.com/sites/default/files/ct/news/documents/2023-02/Global Report – What Worries the World Feb 23.pdf

Le scénario RCP8.5 du Giec : farces et attrapes

Lors de la sortie de la synthèse finale du rapport AR6 du Giec au printemps 2023, politiciens et médias ont eu les yeux rivés sur le scénario RCP8.5, le plus extrême, celui qui contribue à alimenter « l'estimation » du +4 °C en France d'ici la fin du siècle, sans chercher à vérifier sa crédibilité. Avec sa volonté politique axée sur l'alarmisme, le Giec table en effet sur une concentration de 1 250 ppm de CO_2 dans l'atmosphère en 2100. Pour l'atteindre, il faudrait que l'augmentation soit de 1 250 – 419 = 831 ppm d'ici là, soit en moyenne de 831 ppm/77 ans = 10,8 ppm par an. Depuis le début de ce siècle, l'augmentation annuelle ***mesurée*** n'est que de l'ordre de 2 ppm par an en moyenne. Toutefois, des fluctuations aussi considérables que 0,5 ppm en 1992 à 3,5 ppm en 2016 de part et d'autre de cette moyenne ne peuvent raisonnablement être imputées aux émissions. Nous y reviendrons dans le chapitre « Errements de la décarbonation ». Toujours est-il que pour atteindre 1 250 ppm en 2100, il faudrait dès à présent *multiplier par 5,4 les émissions* et poursuivre à un tel rythme l'extraction de ressources fossiles jusqu'à la fin du siècle. Or, les tendances d'utilisation de ces ressources sont plutôt à l'aplatissement, pas à une augmentation aussi insensée. Pour être ainsi parfaitement factice, ce scénario continue pourtant à être utilisé dans près de la moitié des modélisations du Groupe II du Giec pour construire des projections cauchemardesques qui alimentent le narratif alarmiste[57].

Alors, faudrait-il s'acquitter des 800 milliards par an réclamés par exemple par la Colombie lors de la COP27 au titre des prétendus « pertes et dommages » ? Extrapolée au reste des pays s'autodéclarant affectés par les conséquences des émissions de CO_2, cette exigence représenterait 200 000 milliards chaque année[58]. Un tel montant, double du PIB mondial, est intrinsèquement irréaliste. Une négociation d'un accord « pertes et dommages » pourrait s'ouvrir si la Chine, pays premier émetteur mondial devant les États-Unis, acceptait de contribuer. Mais la Chine a catégoriquement rejeté toute participation autre qu'en tant que *bénéficiaire*... Les participants se sont finalement mis d'accord sur une chose, se retrouver l'année suivante. Devinez où ? À Dubaï, et le président de la COP28 est le PDG de la compagnie pétrolière nationale... Quelques pays se sont engagés à alimenter un fonds qui devrait être précisé lors de cette réunion, en fait en rebaptisant pro-

57. rogerpielkejr.substack.com/p/has-the-ipcc-outlived-its-usefulness
58. wattsupwiththat.com/2022/11/16/cop27-colombia-claims-an-absurd-800-billion-a-year-loss-and-damage/

bablement une partie de l'aide dans le cadre de la solidarité Nord-Sud, et vraisemblablement en millions, pas en milliards, encore moins au niveau de la centaine de milliards que les pays occidentaux s'étaient pourtant engagés à verser annuellement lors de la COP15 de Copenhague, engagement tenu très partiellement[59] et pour partie sous forme de prêts. Promis, juré, l'argent ne saurait être détourné pour aller dans les poches de dirigeants corrompus.

L'Europe n'est responsable que d'un dixième des émissions mondiales, la France d'à peine un centième. D'ici 2050, sa « culpabilité » relèverait ainsi de l'ordre du *millième de degré*. Vous avez bien lu. De quoi sombrer dans une éco-anxiété à s'en rendre malade ?

Catherine Bréchignac, ancienne directrice puis présidente du Centre national de la recherche scientifique (CNRS), écrit dans Retour vers l'obscurantisme[60] *:* « Une poignée de philosophes et de savants ont lentement sorti l'humanité de l'obscurantisme, une poignée d'idéologues la feront-ils brutalement replonger ? »

59. www.netzerowatch.com/content/uploads/2022/11/Flop27.pdf
www.statistiques.developpement-durable.gouv.fr/edition-numerique/chiffres-cles-du-climat/19-financer-la-lutte-contre-le
60. Éd. Cherche Midi (2022).

Vaincre l'obscurité

Prévenir le suicide d'une civilisation qui a eu le mérite de remarquablement innover

Depuis que les premiers hommes ont appris à allumer des feux dans des grottes, que leurs descendants ont développé les arts du feu, domestiqué l'énergie pour produire la lumière et la chaleur, pour cuire les aliments, force est d'y reconnaître un des symboles fondamentaux qui distingue l'être humain des animaux. Nos pensées les plus profondes sont décrites comme des étincelles de feu. La mort est, à l'inverse, une flamme qui s'éteint.

L'étymologie du mot « écologie » provient du grec *oikos*, la maison, et *logos*, la science. Elle est littéralement l'étude, non pas de la nature, mais de l'habitat. Autrement dit comment initialement l'être humain a cherché à *se protéger de la nature et de ses dangers*[1]. L'habitation protège des prédateurs et des intempéries. Grâce au feu, elle offre lumière et chaleur durant les longues nuits d'hiver.

La tendance récente à l'extinction des lumières des villes de certains pays industrialisés, non pas à la suite de pannes de courant ou de catastrophes naturelles, non pour veiller un mort, mais pour nous exhorter à limiter la consommation d'énergie, apparaît comme un nouveau culte, celui de l'obscurité[2]. Et s'il s'agissait des prémices du suicide d'une civilisation ?

Les arts du feu, la production de métaux, d'alliages, de verres et de céramique, l'alternateur pour générer l'électricité à partir de la pression d'une hauteur d'eau, de celle de la vapeur d'eau bouillante, ou de la force du vent, le transistor pour échanger *via* les ondes électromagnétiques, la jonction entre un semi-conducteur dopé positivement et un dopé négativement pour transformer l'énergie reçue du soleil en courant électrique continu, ou encore la domestication de la formidable énergie issue de la fracture du noyau d'un atome lourd fissible… toutes ces étapes marquantes rendent hommage à la créa-

1. Roucaute, Y., *L'Obscurantisme vert*, éd. du Cerf (2022).
2. wattsupwiththat.com/2022/12/20/the-cult-of-darkness

tivité de l'être humain. L'humanité n'est pas passée du silex au bronze, puis au fer, à l'acier et maintenant au silicium, au lithium, parce qu'elle avait épuisé ces ressources, mais grâce à l'innovation. Ne doutons pas que s'ouvriront de nouvelles voies pour réaliser la fusion thermonucléaire des noyaux les plus légers plus efficacement encore qu'au sein des étoiles. L'exercice de la créativité est source de fierté et d'estime de soi. Elle est l'antithèse de la myopie, de la pensée obtuse, de l'émotion au détriment de la raison, d'un culte de l'obscurité qui dérive dangereusement vers l'obscurantisme. L'énergie est au cœur du développement des sociétés. Elle est un des moteurs de l'économie. L'énergie n'est pas destinée à être économisée, rationnée. L'énergie est notre avenir, libérons-la pour rendre nos vies meilleures, nous permettre de réaliser nos rêves d'étoiles, ces myriades de lumières qui percent l'obscurité de la nuit.

Rouler en voiture électrique pour faire tomber la pluie… ou l'arrêter

Cas d'école prenant d'inquiétantes proportions sur injonction de l'Union européenne

Si la pluie est indispensable pour la croissance de la végétation et des récoltes, trop de pluies accumulées peuvent provoquer des inondations dommageables. Aujourd'hui en Absurdie, qu'il ne pleuve pas avec le risque de sécheresse si la situation perdure ou qu'il pleuve trop est invariablement imputé d'autorité ***et dans les deux cas*** au « dérèglement climatique ». Tel un dieu, ce prétendu « dérèglement » apparaît omnipotent. Plus prosaïquement, le concept apparaît bien pratique pour exonérer les responsables de politiques de prévention à la mesure des enjeux. Le caractère anthropique de ce dérèglement tout-puissant n'est toutefois nullement confirmé par les travaux scientifiques les plus récents[1].

1. O'Connell, E., 2022. The Spatial Scale Dependence of the Hurst Coefficient in Global Annual Precipitation Data, and its Role in Characterising Regional

Dans l'histoire de France, périodes de sécheresses et inondations ont alterné à toutes les époques sans que prévale un quelconque « règlement ». La dernière grave crue de la Seine a inondé la capitale en 1910. Plus près de nous, la sécheresse de 1976 a donné lieu à un impôt du même nom. L'été chaud et sec en France en 2022 a fait oublier l'été « pourri » de 2021 et les inondations catastrophiques chez nos voisins rhénans.

Tentons de décrypter ce que l'on entend ou lit quasi quotidiennement à ce sujet y compris dans les sous-entendus des publicités vantant le véhicule électrique, signe des temps, ou plus effrontément dans les oukases du Parlement européen pour interdire la vente des voitures à moteur thermique à l'horizon 2035, c'est-à-dire demain.

À ce propos, l'État du Wyoming envisageait au contraire de mettre au vote l'inverse : interdire la vente de véhicules électriques neufs d'ici 2035[2], arguant entre autres que :

- les vastes étendues d'autoroutes du Wyoming, associées à un manque d'infrastructures de recharge des véhicules électriques, rendent l'uti-

---

Precipitation Deficits within a Naturally Changing Climate. *Hydrology*. DOI: 10.3390/hydrology9110199

2. climatetverite.net/2023/01/16/a-contre-courant-des-senateurs-de-letat-du-wyoming-deposent-un-projet-de-loi-pour-interdire-lachat-et-la-vente-des-vehicules-electriques-dici-2035

lisation généralisée de ces derniers impraticable pour l'État ;

- les batteries utilisées dans les véhicules électriques contiennent des minéraux critiques dont l'approvisionnement est limité ;
- les minéraux critiques utilisés dans les batteries électriques ne sont pas facilement recyclables ou jetables, ce qui signifie que les décharges municipales du Wyoming et d'ailleurs devront développer des pratiques pour éliminer ces minéraux de manière sûre et responsable ;
- l'expansion des bornes de recharge de véhicules électriques dans le Wyoming et dans tout le pays nécessaire pour prendre en charge davantage de véhicules électriques nécessitera des quantités massives de nouvelle génération d'énergie.

Qu'est-ce qui fait tomber la pluie ? Un nuage. Qui s'aventurerait à prétendre qu'il aurait vu la pluie tomber sans nuage au-dessus de la tête ? On a un peu honte d'écrire de telles évidences, mais elles semblent ne pas en être pour des puissants partagés entre le souci d'accroître leurs intérêts pourtant déjà énormes ou de nous prendre pour des débiles profonds, ou les deux. D'où viennent les nuages ? Pas des steppes d'Asie centrale. Ils viennent de l'évaporation des océans qui couvrent sept dixièmes de la surface de la planète. Comment arrivent-ils au-dessus de nos têtes ? Poussés par le vent. En France, majoritairement lorsqu'il vient de l'ouest, ou du sud pour les épisodes cévenols. Qu'est-ce qui fixe la direction des vents ? On voudrait nous faire croire que ce seraient les émissions de CO_2. Est-ce bien crédible ?

Pour un calcul élémentaire avec des chiffres ronds, envisageons une voiture qui émet 100 g de CO_2 au kilomètre. La valeur doit être assez typique des véhicules circulant en France et qui échappent encore au malus automobile. Selon le Giec, 44 % de ces 100 g émis resteront un certain temps dans l'atmosphère. Toujours selon le Giec[3], pour chaque kilomètre parcouru, ils réchaufferaient la Terre de :

0,45 °C × 44 % × 100 g/1 000 milliards de tonnes
= 0,00000000000000002 °C

soit 0,02 millionième de milliardième de degré, valeur ridiculement faible que se garderont bien de rappeler par exemple les locomotives des TGV qui préfèrent afficher en lettres énormes sur leur flanc une valeur publicitaire *relative* passablement trompeuse sauf pour qui creuse un peu. En effet, si ***un million*** de ces voitures parcourent chacune cent mille kilomètres, elles réchaufferont la terre de

3. Paragraphe D.1.1 de l'AR6 SPM : chaque 1 000 $GtCO_2$ d'émissions de CO_2 cumulées devraient probablement causer un accroissement de 0,27 à 0,63 °C de la température de surface globale avec une meilleure estimation de 0,45 °C.

deux millionièmes de degré, autrement dit rien. En multipliant par le nombre de voitures à moteur thermique circulant en France, on arrive à *moins d'un dix-millième de degré.* C'est le réchauffement de la planète qui serait évité selon les chiffres du Giec si l'ensemble du parc automobile français était remplacé par des véhicules électriques suivant l'injonction coercitive du Parlement européen. Inutile d'ajouter que ***moins d'un dix-millième de degré ne pourra changer quoi que ce soit ni à la direction du vent, ni à la couverture nuageuse***.

En revanche, considérables seraient les coûts. Le coût environnemental serait dû au pillage exacerbé des ressources minérales de la planète, le lithium en particulier, pour la construction des batteries de ces hypothétiques dizaines de millions de véhicules électriques. Le coût économique et la casse sociale seraient dus à la transition industrielle imposée à marche forcée sans le recul nécessaire pour l'optimiser. Le coût pour le budget de l'État résulterait des subventions cumulées au profit de l'achat d'un véhicule électrique en regard de la fin de l'actuelle taxation des carburants. Le coût du véhicule resterait élevé, voire prohibitif, pour les particuliers à qui on ne laisserait d'autre choix. Dans les régions, en particulier rurales, où les transports en commun restent trop peu développés, cela reviendrait à imposer la bicyclette y compris sous la pluie, comme l'ont expérimenté quotidiennement bon nombre de camarades de classe de ma génération durant toute notre scolarité, nous laissant trempés toute la journée en cas de drache, en dépit du poncho imperméable qui s'avère n'avoir nullement l'étanchéité d'un scaphandre.

Quelles sont les frontières de l'Absurdie ? Jusqu'où peut-on sourire de fiascos économiques, de la privation de liberté de choix ?

Allons enfants de la batterie[1], le jour de noir est arrivé

Vrais problèmes et fausses promesses de la voiture électrique

Une fois écarté le prétexte météorologique et climatique fallacieux pour prétendre imposer la voiture électrique, quels en sont les avantages et les inconvénients ? La voiture électrique a été inventée avant son homologue à moteur thermique. Cette dernière s'est pourtant imposée, sans subvention faut-il le rappeler et en dépit d'une taxation grandissante des carburants.

Arguer d'un véhicule « non polluant » s'agissant de l'électrique est triplement discutable si, par « polluant », on fait – à tort – référence aux émissions de CO_2. Une évidence trop facilement oubliée est que d'importantes dépenses d'énergie et les émissions

1. Tribut à la une du numéro 108 de *Causeur* daté de janvier 2023.

de CO_2 qui en résultent se trouvent derrière toute fabrication. Celle du véhicule électrique nécessite l'utilisation de quantité d'énergies fossiles de sorte qu'il a une dette d'émissions avant d'avoir parcouru son premier kilomètre. Il n'aura « remboursé » sa dette qu'une fois roulé de l'ordre d'une centaine de milliers de kilomètres. S'il est cantonné à un usage essentiellement urbain, par exemple pouvoir accéder aux *zones de faibles émissions* dans les grandes villes, peut-être ne parcourra-t-il pas une telle distance. D'autant que la dette est appelée à être renchérie par le changement de la batterie suivi de son recyclage éventuel.

Par ailleurs, il est impératif de vérifier l'origine de l'électricité consommée. Si elle a été produite à partir de la combustion de charbon comme en Chine qui consomme la moitié du charbon mondial, et/ou à partir de pétrole et/ou de gaz naturel, le véhicule émet indirectement du CO_2. Peu en France il est vrai, du moins jusqu'à récemment, grâce à l'hydroélectricité et au parc nucléaire. Sauf justement lorsque la moitié du parc est à l'arrêt pour maintenance, obligeant à recourir pour partie aux énergies fossiles[2], quitte à rouvrir des centrales au charbon, ou à

2. www.lemonde.fr/planete/article/2023/02/16/en-2022-la-production-d-electricite-en-france-a-son-niveau-le-plus-bas-depuis-trente-ans_6162067_3245.html

importer d'Allemagne une électricité en partie issue de centrales à lignite, en parfaite contradiction avec l'objectif affiché.

Le troisième type de pollution caractéristique du véhicule électrique est celle afférente à l'extraction de ressources minérales, certes pas chez nous, mais à l'autre bout du monde (Chine, Chili, Congo...), mais grave pollution de la planète malgré tout, assortie de conditions d'exploitation parfois indignes et à ce titre dénoncées par l'ONU en particulier s'agissant du travail de milliers d'enfants. Selon l'Agence internationale de l'énergie, le tonnage de cuivre requis est de l'ordre du double de celui d'un véhicule à moteur thermique. S'y ajoutent quelque 150 kg de lithium, cobalt, nickel, manganèse et graphite. Pour obtenir 1 kg de la plupart de tels éléments, il faut habituellement traiter environ 1 tonne de minerai, ce qui en dit long sur le niveau des pollutions afférentes. Les chiffres sont vertigineux. Toujours selon l'Agence internationale de l'énergie, la demande en lithium du secteur énergétique devrait être *multipliée par plus de 40* d'ici à 2040. La Banque mondiale estime que la production de graphite, lithium et cobalt devrait augmenter de près de 500 % d'ici à 2050, tandis que, selon Bank of America, la consommation de nickel va augmenter de 40 % chaque année jusqu'en 2030. Vous avez dit « sobriété » ?

Oui, mais l'électrique est « propre » et n'envoie pas de polluants atmosphériques, est-il prétendu. En revanche, les véhicules à moteur thermique seraient responsables de 38 000 morts prématurées *dans le monde* dont 48 000 *en France*[3]… Si de telles allégations étaient correctement documentées, nous devrions assister à une augmentation massive des décès en Chine, qui depuis le début de ce siècle, semblant ne pas regretter la bicyclette omniprésente encore peu de temps auparavant, a multiplié par 14 son parc de véhicules, devenant premier marché automobile mondial. Les émissions de CO_2 en Chine ont été multipliées ***par 145*** de 1950 à 2021. Dans le même temps, l'espérance de vie est passée de 44 à 78 ans. Certes, la *révolution culturelle* avait fait des ravages mais sa fin n'explique pas à elle seule une telle hausse. Au lieu d'une baisse spectaculaire de l'espérance de vie en Chine liée à l'extraordinaire développement du marché des véhicules à moteur thermique, sa population est au contraire devenue l'une des rares qui vit le plus longtemps dans le monde. Ce n'est par ailleurs pas sans poser un grave problème démographique, aggravé par la politique de l'enfant unique à laquelle il a été mis fin tardivement.

3. www.europeanscientist.com/fr/opinion/pollution-de-lair-38-000-morts-par-an

Souvenons-nous de la noirceur des façades des immeubles dans les années 1950, au hasard Notre-Dame de Paris avant les opérations de ravalement. Depuis, le charbon a été chassé des centres-villes et grâce aussi aux pots d'échappement catalytiques, la qualité de l'air s'est considérablement améliorée en France. Quels sont alors les endroits de la capitale où le nombre de particules fines reste élevé ? Ce sont les quais souterrains du métro et du RER. Pourtant la rame de métro ou de RER est propulsée par l'électricité. L'émission de particules fines provient du freinage. À l'instar de son homologue à moteur thermique, le véhicule électrique est appelé à freiner. Comme il est plus lourd à cause du poids de la batterie, son freinage émettra davantage de particules fines.

Tout a déjà été dit et écrit sur les problèmes d'autonomie des véhicules électriques[4]. L'autonomie diminue avec la vitesse, avec le froid, surtout la nuit lorsque les phares sont allumés et l'habitacle chauffé[5], mais aussi avec la chaleur, et tout cela s'amplifie si la batterie est vieillissante même

4. Christian Gérondeau, *La Voiture électrique et autres folies*, éd. L'Artilleur (2022).
5. wattsupwiththat.com/2023/01/03/tesla-fined-by-south-korea-for-exaggerating-cold-weather-range

si l'on manque encore de recul pour en mesurer toutes les contraintes. S'engager dans un long trajet peut relever du parcours du combattant qui dépend du trafic rapporté au nombre de bornes de recharge disponibles, d'autant qu'il faut généralement se contenter d'une recharge partielle. Même une recharge complète n'emmagasine que de l'ordre du dixième de l'énergie correspondant à un plein de carburant de l'homologue thermique.

Les batteries lithium-fer-phosphate fabriquées en Chine, certes moins coûteuses mais offrant une moindre densité énergétique, sont plus longues à recharger et jusqu'à présent sont incinérées en fin de vie car aucun modèle économique de recyclage n'a emporté l'adhésion jusqu'à présent.

Le carburant est certes inflammable, voire explosif. Ces risques sont maîtrisés, comme le montrent les dizaines de millions de véhicules à moteur thermique qui circulent en France. Parallèlement, le lithium, à l'instar du sodium, réagit violemment avec l'eau. Une batterie lithium-ion en feu est problématique à éteindre et dégage des gaz hautement toxiques[6]. Pour cette raison, certaines municipali-

6. climatechangedispatch.com/new-report-on-electric-car-fires-and-dangers-of-spontaneous-combustion
climatechangedispatch.com/out-of-control-fire-aboard-a-massive-carrier-ship-shows-dangers-of-transporting-evs

tés, jusqu'à présent allemandes, ont pris l'initiative d'interdire l'accès des véhicules électriques dans les parkings souterrains. Une compagnie de ferrys norvégienne les a aussi bannis pour les mêmes raisons de sécurité[7]. Vu les accidents en mer lors des transports de véhicules électriques, d'autres pourraient suivre[8]. Même les batteries des vélos électriques peuvent connaître des problèmes explosifs similaires[9].

Reste l'argument des coûts. Sauf si la France à l'avenir était inondée de petites voitures électriques produites en Chine et vendues nettement moins cher que les productions hexagonales[10], ces dernières restent jusqu'à présent coûteuses à l'achat en dépit des aides de l'État, comparées à leurs homologues thermiques. Fin 2022, leur prix

7. www.carscoops.com/2023/01/norwegian-shipping-company-bans-electrified-vehicles-over-fire-fears
lemarin.ouest-france.fr/secteurs-activites/shipping/les-voitures-electriques-risque-avere-pour-le-transport-maritime-46373
www.lemonde.fr/planete/article/2023/07/28/pays-bas-a-bord-du-cargo-toujours-en-feu-pres-de-500-voitures-electriques_6183733_3244.html

8. lemarin.ouest-france.fr/secteurs-activites/shipping/les-voitures-electriques-risque-avere-pour-le-transport-maritime-46373
www.lemonde.fr/planete/article/2023/07/28/pays-bas-a-bord-du-cargo-toujours-en-feu-pres-de-500-voitures-electriques_6183733_3244.html

9. wattsupwiththat.com/2022/11/05/deadly-e-bikes-four-explosions-in-new-york-every-week

10. www.bvoltaire.fr/les-chinois-vont-nous-envahir-avec-des-chars-non-avec-des-voitures-electriques
climatechangedispatch.com/european-carmaker-warns-of-chinas-imminent-invasion-of-cheap-evs

augmentait davantage encore à cause de la hausse du cobalt, du nickel et du lithium, matières premières très convoitées dans un contexte de concurrence géostratégique. À titre d'exemple, le prix du lithium a été multiplié par 15 entre août 2020 et novembre 2022. Les subventions étatiques qui visaient à diminuer l'écart peinent à suivre. Inutile d'ajouter qu'une hypothétique invasion de voitures chinoises serait économiquement et socialement catastrophique pour un fleuron de notre industrie nationale, qui plus est exportatrice, surtout dans un contexte où relocaliser est annoncé comme une priorité. Toute une filière, équipementiers et sous-traitants, serait progressivement appelée à disparaître, engendrant une casse sociale aussi monumentale que dramatique[11].

Quant à la comparaison des coûts de fonctionnement, jusqu'au début de ce siècle, le cours du pétrole restait entre 10 et 20 centimes le litre. Depuis, il a connu des pics éphémères jusqu'à 140 dollars le baril, soit 88 centimes le litre, mais aussi des creux historiques comme en 2020, la moyenne se situant autour de 50 centimes le litre. La différence avec le prix payé à la pompe représente essentiellement les taxes, les coûts du raffinage et du transport restant pour leur part marginaux. Gageons que pour

11. fr.irefeurope.org/publications/articles/article/la-transition-ecologique-va-produire-du-chomage

compenser le manque à gagner fiscal des carburants (actuellement quelque 40 milliards par an), des taxes équivalentes rattraperont le véhicule électrique s'il devait finir par s'imposer[12].

12. wattsupwiththat.com/2023/02/28/243-aussie-evs-deregistered-for-not-paying-their-road-users-tax

La saga de l'hydrogène

Utopie thermodynamiquement aberrante pour un gaz à ne pas mettre entre toutes les mains

Réagissant avec l'oxygène liquide, l'hydrogène liquide est le carburant de choix pour l'astronautique et le lancement de satellites. Le rendement est en effet le plus élevé rapporté à la masse de carburant. Comme l'hydrogène est un gaz trop léger pour être retenu dans l'atmosphère par la gravité terrestre, il doit être fabriqué, puis refroidi à –253 °C pour être stocké sous forme liquide dans des conteneurs cryogéniques.

Propulser un véhicule ou un train à température ambiante utilise une pile à combustible dans laquelle réagissent hydrogène, généralement comprimé à 700 bars dans un réservoir, et oxygène de l'air pour produire de l'électricité. Le sous-produit est l'eau liquide. En ce sens, les véhicules à hydrogène entrent dans la catégorie des véhicules électriques. Faire le plein d'hydrogène ne prend pas plus de temps que de faire un plein d'essence. Le revêtement intérieur du réservoir doit toutefois éviter les fuites car l'hydrogène est une très petite molécule. Il faut par ailleurs un revêtement intérieur approprié car l'hydrogène est corrosif pour l'acier. Des scientifiques alertent sur l'impact des fuites[1]. Composé de deux atomes identiques, la molécule d'hydrogène ne saurait être un gaz dit « à effet de serre » mais il semblerait accroître le temps de résidence du méthane dans l'atmosphère, lui composé de deux atomes différents. Sa concentration atmosphérique n'excède toutefois pas 0,00019 %, minimisant considérablement le problème éventuel.

Pour produire l'hydrogène, il faut le dissocier de l'oxygène d'une molécule d'eau par exemple. La recombinaison au sein de la pile à combustible génère nettement moins d'énergie qu'il n'a fallu en dépenser pour le dissocier au préalable. La méthode habituelle de production d'hydrogène en tant que gaz industriel courant est le vaporeformage du méthane. Le procédé émet du CO_2. Ainsi, 99 % de

1. www.revolution-energetique.com/des-scientifiques-alertent-les-fuites-dhydrogene-sont-200-fois-plus-nefastes-pour-le-climat-que-le-co2

l'hydrogène produit en 2021 ne s'intègre nullement dans une logique bas carbone. S'y ajoute l'empreinte carbone de la fabrication du véhicule. Ce serait la seule qui resterait en lice si l'hydrogène était produit par électrolyse de l'eau. Toutefois, produire de l'hydrogène à partir d'eau liquide nécessite beaucoup plus d'énergie par électrolyse que par vaporeformage. L'hydrogène produit par électrolyse de l'eau n'a aucune justification thermodynamique, raison pour laquelle personne n'avait cru bon jusqu'à récemment de se lancer dans un tel gaspillage d'énergie[2].

Le procédé n'aurait d'utilité que dans un contexte de profusion momentanée d'électricité d'origine intermittente qui, ne pouvant être stockée à grande échelle, risquerait alors d'être perdue ou vendue à vil prix, voire à prix négatif. Alimentant un électrolyseur, l'hydrogène produit reviendrait à l'équivalent d'un stockage – provisoire à cause des risques de fuites – de l'excédent d'électricité.

L'hydrogène natif ou hydrogène blanc est présent dans certaines roches mères. Son exploitation supposerait toutefois le contournement ou l'abolition de la loi qui interdit en France la recherche et l'exploitation

2. Samuel Furfari (2020), L'Utopie hydrogène, www.amazon.fr/Lutopie-hydrogène-Samuel-Furfari/dp/B08GDKGDHL

du gaz de roche mère, plus couramment appelé gaz de schiste, essentiellement du méthane.

Du fait de sa différence d'électronégativité avec celle de l'oxygène de l'atmosphère, l'hydrogène est toutefois un élément dangereux. Il est dix fois plus inflammable que l'essence et vingt fois plus explosif. Rappelons-nous la catastrophe du grand dirigeable *Hindenburg* gonflé à l'hydrogène.

D'ici cinq ans, les projets soutenus par les pouvoirs publics français visent à construire quelques centaines de stations de production d'hydrogène de manière à pouvoir alimenter jusqu'à 50 000 véhicules, essentiellement des utilitaires, les voitures pour les particuliers produites en Corée et au Japon restant excessivement coûteuses. Rapporté aux dizaines de millions de véhicules circulant en France, l'impact de 1 % en terme de décarbonation resterait négligeable.

Les énergies intermittentes face aux intempéries

Et autres contradictions résultant de la production massive d'électricité intermittente

On nous répète avec quelque insistance que pour « lutter contre le dérèglement climatique », il est impératif de « décarboner ». Pour atteindre l'objectif, nombreux sont les dirigeants qui se sont convaincus et cherchent à nous convaincre qu'il faut multiplier l'implantation d'éoliennes et de panneaux solaires photovoltaïques. Par leur nature même, ces installations doivent être à l'extérieur et donc exposées aux intempéries. Le concept du prétendu « dérèglement climatique » capitalise sur les caprices de la météo les plus violents. Justement, un blizzard inattendu dans les prévisions, qui vingt jours plus tôt prévoyaient à l'inverse une vague de chaleur, a fait geler les éoliennes au Texas en février 2021, avec pour conséquence l'effondrement en cascade du réseau de distribution électrique[1]. Il a plongé dans l'obscurité pendant plusieurs jours le vaste État, laissant quatre millions d'Américains frigorifiés. Le Texas est pourtant gros producteur de pétrole et de gaz mais qui n'ont été d'aucun secours car leur exploitation et leur distribution font justement appel à des systèmes électriques devenus impuissants. Recouverts de neige, les panneaux photovoltaïques sont bien en peine de remplir leur mission. Si le vent est tempétueux, des exemples ont montré des fermes photovoltaïques déchiquetées. Les gros grêlons se sont montrés tout aussi dévastateurs.

En cas de vent trop fort, les éoliennes sont programmées pour s'arrêter de tourner afin d'éviter qu'elles ne soient endommagées, ce qui n'empêche pas leur chute en situation tempétueuse[2]. En revanche, les centrales de fourniture d'électricité bétonnées sont conçues pour résister aux intempéries. Les lignes à haute tension le sont certes moins, comme l'avait montré en France l'impact des tempêtes de fin décembre 1999. Comme les lignes qui

1. www.climato-realistes.fr/texas-la-grande-panne-electrique-de-2021 www.masterresource.org/texas-blackout-2021/electrified-natural-gas-pipeline-compressors-texas

2. atlantico.fr/article/decryptage/renouvelables-a-duree-limitee-les-eoliennes-geantes-tombent-de-plus-en-plus-litteralement-environnement-solutions-alternatives-impact-dangers-risques-pollution-empreinte-carbone-nucleaire-ecologie-climat-energie-production-fabien-bougle

doivent être démultipliées pour aller chercher une électricité intermittente produite en de nombreux endroits, exposés comme ils le sont, les panneaux solaires et les éoliennes ne peuvent être eux-mêmes protégés contre les évènements météorologiques extrêmes. À ce titre, ils peuvent encore moins nous en protéger. Mais on ne s'embarrasse pas de ce type de cohérence en Absurdie[3].

Ajoutons que si le froid est excessif mais aussi par forte chaleur, photovoltaïque, éolien et batteries voient leurs performances dégradées. Depuis 2001, 1 000 milliards ont été investis en Europe dans l'électricité intermittente. Ils ne produisent que 3 % de la consommation totale d'énergie. Rapporté à l'énormité de l'investissement, cela reste dérisoire. Nos voisins allemands ont installé une puissance de plus de 125 gigawatts d'énergies intermittentes, éolien et photovoltaïque, alors que la demande d'électricité moyenne nécessite seulement 80 gigawatts. Mais comme il n'y a pas de soleil la nuit et que le vent ne souffle pas chaque jour, cette installation surdimensionnée ne produit au final que 30 % de l'électricité consommée et seulement 5 % de l'énergie totale[4]. En revanche, lorsque soleil et vent donnent leur

3. www.marianne.net/politique/gouvernement/ignorance-stupefiante-lex-haut-commissaire-a-lenergie-atomique-dezingue-linculture-des-politiques

4. wattsupwiththat.com/2022/12/27/it-is-time-to-talk-about-capacity-factors/

maximum, que faire de l'excédent d'électricité produite ? Si elle n'est pas vendable, même à un prix dérisoire, l'Allemagne doit aller jusqu'à *payer* les pays voisins pour qu'ils écoulent le surplus.

S'il est vrai que le matin de Noël 2022, un Noël « au balcon », la demande d'électricité en France, guirlandes des sapins comprises, n'a pas excédé une puissance de 41 gigawatts selon RTE, en revanche en janvier 2017 ou en février 2018, la demande a atteint un pic de 100 gigawatts. Le pic serait dépassé à mesure que les recharges cumulées de véhicules électriques le nécessiteraient[5].

La France mise à l'amende par l'Europe

La programmation pluriannuelle de l'énergie fixe un objectif de 34 gigawatts d'éolien installés en 2028. La France est en retard sur les objectifs qu'elle s'est elle-même fixés, signifiant qu'ils apparaissent difficilement atteignables. Au titre du retard, l'Union européenne lui infligea fin 2022 une amende de 500 millions[6].

---

5. www.lemonde.fr/economie/article/2023/03/08/energie-de-nouveaux-scenarios-se-dessinent-sur-l-electricite-en-france-d-ici-a-2035_6164571_3234.html
6. www.lemonde.fr/planete/article/2022/11/24/renouvelables-la-france-devra-debourser-plusieurs-centaines-de-millions-d-euros-pour-ne-pas-avoir-atteint-ses-objectifs_6151464_3244.html

Comme ironise Rémy Prud'homme[7], professeur émérite des universités à l'université de Paris XII (UPEC), qui a aussi enseigné au Massachussetts Institute of Technology (MIT) et été directeur adjoint de l'environnement à l'OCDE : « Il se trouve que nous sommes (avec la Suède) les premiers de la classe de CO_2[8]. Par habitant, par euro de PIB, par KWh d'électricité, la France rejette moins de CO_2 que ses condisciples, beaucoup moins que certains comme l'Allemagne. Drôle de lycée, où celui qui obtient la meilleure note écope d'un bonnet d'âne sur les oreilles et d'un grand coup de règle (un demi-milliard, ça fait mal) sur les doigts. Le reproche qui nous est fait est d'autant plus absurde qu'en réalité, nous ne produisons pas trop peu mais au contraire bien trop d'électricité éolienne et solaire. Il y a une douzaine d'années, lorsque la France s'est mise à investir dans ces énergies intermittentes, elle disposait d'un parc nucléaire et hydraulique largement suffisant pour satisfaire une demande d'électricité qui était stable. Nous étions exportateurs d'électricité ; nous n'avions

www.contrepoints.org/2022/12/07/445074-decarbonation-la-france-en-avance-ou-en-retard

7. www.climato-realistes.fr/pas-assez-de-renouvelable-500-millions-damende Lire aussi de Rémy Prud'homme *Les Vrais Responsables de la crise énergétique*, éd. L'Artilleur (2022).

8. Et aussi dans le top 5 mondial de la « greenitude » : atlantico.fr/article/rdv/environnement-la-france-pourrait-et-doit-faire-mieux-mais-voila-deja-ce-que-le-mit-nous-dit-que-nous-faisons-tres-bien-recherche-innovation-technologie-science-reussite-bilan-carbone-co2-pollution-gil-riviere-wekstein

absolument pas besoin d'une production supplémentaire. Celle de renouvelable qui a engendré un coût direct de 60 milliards d'euros, et un coût indirect du même ordre de grandeur, était donc inutile. Elle n'a, de fait, servi à rien. En pratique, elle a eu un double destin : l'exportation et la substitution. Pour partie, elle a été exportée à un prix bien inférieur à son coût. Pour une autre partie elle nous a obligés à réduire sans raison la production des installations nucléaires et hydrauliques en place conduisant à une économie dérisoire, elle aussi bien inférieure à son coût. Ce choix des renouvelables, qui n'a pratiquement pas diminué nos rejets de CO_2, c'est plus de 100 milliards jetés par les fenêtres. Il est évidemment lamentable et absurde d'être puni par l'Europe pour n'avoir pas assez gaspillé l'argent des Français. »

Les 34 gigawatts programmés pour 2028 ne correspondent nullement à 34 % de 100 gigawatts. Même en Absurdie, une éolienne reste incapable de fournir de l'électricité en absence de vent. Au contraire, elle en consomme à l'arrêt pour alimenter ses systèmes de contrôle et de sécurité. Le facteur de charge des éoliennes en France n'excède pas 23 %. Pour le photovoltaïque, il est abaissé à 14 %. Par conséquent, 34 gigawatts d'éolien installés fourniront en moyenne annuelle seulement 23 % × 34 gigawatts = 8 gigawatts, très loin du pic des 100 gigawatts nécessaires par grand froid, voire davantage si le nombre de véhicules électriques devait augmenter, et si les pompes à chaleur devaient se substituer aux chaudières au fioul dont l'installation est désormais interdite. Et surtout pas forcément au moment où on en a le plus besoin[9]. Si la France se trouve sous l'influence d'un anticyclone par une belle nuit d'hiver glacial, la puissance intermittente installée *ne sert strictement à rien*. On ne pourra davantage compter sur le photovoltaïque durant la longue nuit d'hiver. Qu'est-ce qui pourrait éviter à ceux qui se chauffent à l'électricité d'être frigorifiés ?

Exigence d'une électricité pilotable

Importer l'électricité au prix fort n'est pas la solution surtout si nos voisins connaissent le même jour les mêmes problèmes météorologiques que nous. À l'heure actuelle, les capacités de stockage européennes de l'électricité ne dépassent même pas la demi-heure et à un coût prohibitif[10]. Encore, seul le courant continu peut être stocké, en aucun cas le courant alternatif. Passer de l'un à l'autre nécessite un redresseur pour gommer les oscillations du courant alternatif. L'opération inverse fait appel à un

9. www.causeur.fr/electricite-renouvelables-et-pointes-de-demande-eoliennes-ecologie-gouvernement-249052

10. www.telegraph.co.uk/news/2023/05/10/wind-solar-renewables-pointless-waste

onduleur. Les rendements ne sont jamais de 100 % d'où d'inévitables pertes. Il ne restera qu'à compter sur l'hydroélectrique en espérant qu'il a suffisamment plu pour que les barrages soient remplis, sur le nucléaire si suffisamment de tranches ne sont pas arrêtées pour maintenance, ou sur les énergies fossiles, fioul, charbon et gaz, en parfaite contradiction avec l'objectif ressassé de « lutte contre le dérèglement climatique ». Mais on n'est plus à cela près en Absurdie.

À l'heure actuelle, l'énergie électrique ne représente qu'un quart de l'énergie totale consommée en France. Si l'on devait interdire tout usage des ressources fossiles en passant au « tout-électrique », ce ne seraient pas seulement 100 gigawatts qui seraient nécessaires mais jusqu'à quatre fois plus. Il n'est pas certain que cela soit techniquement réalisable car l'intégration à grande échelle de sources intermittentes pose des défis à long terme pour la stabilité des fréquences du système de transport, avec des impacts dommageables à sa résilience[11]. Aux antipodes d'une énergie fiable, un réseau de distribution électrique qui présenterait de graves faiblesses en termes de stabilité, surtout dans les zones en

11. www.entsoe.eu/news/2021/12/06/entso-e-assesses-the-impact-of-reduction-of-inertia-on-frequency-stability-in-long-term-scenarios

220 volts[12], relèverait d'un scénario cauchemardesque[13]. Une technologie perfectible[14] n'est pas la bonne réponse à une crise déjà initiée et dont la gravité pourrait s'accentuer.

Au-delà de 20 % de proportion d'énergies intermittentes dans un réseau, il faut pallier les fluctuations. L'électricité fournie par des centrales à gaz apporte la capacité d'ajustement appropriée. Ce phénomène a été bien intégré par les fournisseurs de gaz qui poussent même à fermer les centrales nucléaires. En conséquence, dans le projet de taxonomie de l'Union européenne – miracle ! ou plutôt sommet d'hypocrisie – le gaz, se prévalant certes de l'adjectif « naturel », mais combustible fossile malgré tout, est déclaré « vert ». Autre conséquence, son prix s'est envolé avant même le début de l'invasion de l'Ukraine et ses conséquences, renchérissant le prix de l'électricité sur le marché européen[15], source de rentes colossales pour quelques privilégiés et de terribles difficultés pour l'immense majorité des autres.

12. notrickszone.com/2023/01/28/enemy-to-itself-germanys-green-power-grid-unable-to-power-green-society
13. www.netzerowatch.com/german-electricity-to-be-rationed-as-evs-and-heat-pumps-threaten-collapse-of-local-power-grids
14. www.foxnews.com/politics/californias-grid-faces-collapse-leaders-push-renewables-electric-vehicles-experts-say
15. www.contrepoints.org/2022/12/07/445242-envolee-des-prix-de-lelectricite-a-qui-la-faute

L'écologiste Michael Shellenberger est « Héros de l'environnement » de *Time Magazine*, lauréat du prix Green Book et fondateur de Environmental Progress. Il est l'auteur à succès de *Apocalypse Never*, traduit en français[16]. Dans un article[17] intitulé « Qui se souvient qu'il y a 15 ans, l'Europe exportait 3 fois plus de gaz naturel que la Russie ? Mais c'était avant que les Russes ne financent les "militants de l'environnement" », Michael Shellenberger rappelle : « Les dirigeants allemands ont déclaré que leur pays n'avait pas besoin de nucléaire ou de gaz naturel car il pouvait compter à 100 % sur les énergies renouvelables. Depuis lors, ils ont été contraints de déployer une pelleteuse massive pour détruire des forêts et des villages afin d'accéder à la forme la plus sale de charbon qui se trouve en dessous. Les gens pensent que l'Europe dépend de la Russie pour son énergie parce qu'elle n'a pas la sienne, mais il y a 15 ans, l'Europe exportait plus de gaz naturel que la Russie aujourd'hui. À l'heure actuelle, la Russie exporte trois fois plus de gaz que l'Europe n'en produit. Pourquoi ? » Simplement parce que le gaz extrait en Europe, par exemple à Groningue aux Pays-Bas,

16. Apocalypse zéro : Pourquoi l'alarmisme environnemental nuit à l'humanité, éd. L'Artilleur, 2021, préface de Pascal Bruckner.

17. atlantico.fr/article/decryptage/l-europe-dependante-de-l-energie-russe-faute-d-en-avoir-elle-meme-les-ressources-naturelles-un-mal-auto-inflige-pas-une-realite-physique-guerre-en-ukraine-russie-moscou-ecologie-environnement-militants-ecologistes-michael-shellenberger

faisait de l'ombre au gaz russe. En sponsorisant les opposants, la Russie a rétabli la situation à son profit, finançant les moyens militaires nécessaires à son invasion de l'Ukraine[18].

La production mondiale d'énergie par le solaire photovoltaïque ne dépassait pas 1 % en 2022. Le pourcentage est à peine supérieur pour l'éolien. Selon ces chiffres de l'Agence internationale de l'énergie, plus de 80 % de l'énergie primaire continue à provenir des ressources fossiles. Même si leur *pourcentage* dans le mix énergétique à l'horizon 2050 pourrait quelque peu faiblir, leur total passant de 137 000 térawattheures (TWh) en 2019 à quelque 168 000 TWh prévisionnels en 2050, soit une *augmentation* de 31 000 TWh, cette dernière resterait supérieure à l'augmentation estimée de 20 000 TWh des énergies non fossiles[19].

Logiquement, ce sont les Allemands et les Danois, qui ont le plus installé d'éolien et de solaire intermittents, qui en Europe paient leur électricité le plus cher. Le vent est certes gratuit, mais pas sa transformation en électricité. Le taux de retour énergétique (TRE), en anglais EROI[20], traduit la fraction

18. wattsupwiththat.com/2023/03/03/russias-biggest-weapon-and-chinas-too-is-fossil-fuel-energy
19. wattsupwiththat.com/2023/03/12/there-is-no-energy-transition-just-energy-addition
20. Energy Returned on Energy Invested.

d'énergie récupérée par rapport à celle dépensée pour l'obtenir, incluant l'implantation initiale, sa maintenance et le démantèlement de l'installation en fin de vie. L'Agence internationale de l'énergie considère qu'une transformation énergétique n'est rentable que si son TRE est supérieur à 6. C'est le cas pour les énergies fossiles, le nucléaire et l'hydroélectricité. Alors qu'avec seulement 5,2 pour l'éolien et 5,8 pour le photovoltaïque, les énergies intermittentes peinent à satisfaire ce critère.

L'Union européenne prône une libéralisation du marché de l'électricité, en réalité aussi factice que perverse. Car en Absurdie, elle impose de faire prioritairement appel aux énergies intermittentes au détriment des moyens de production pilotables, pourtant indispensables, en particulier à la sécurité du réseau. Ainsi condamnés à produire moins que ce pour quoi ils ont été conçus, l'Europe impose artificiellement aux producteurs d'énergies pilotables une moindre rentabilité de sorte que les investisseurs se désintéressent des moyens indispensables pour se tourner vers des moyens qui apparaissent largement inutiles mais sont, eux, subventionnés[21]. La perte est d'environ de la dizaine de milliards d'euros par an pour EDF car les baisses de revenus augmentent le coût de l'électricité nucléaire produite *via*

21. www.contrepoints.org/2023/08/03/460990-electricite-les-francais-paient-le-prix-dune-politique-energetique-aberrante

les coûts fixes des installations et du personnel qui sont prépondérants.

À plus grande échelle, si l'Absurdie devait élargir ses frontières, cette aberration amplifierait non seulement le coût d'une électricité déjà devenue nettement plus chère en France mais aussi une précarité énergétique assortie de black-out à répétition. Les plus démunis seront les premiers frappés. Ce marché est « absurde », constat partagé jusqu'au sommet de l'État[22].

22. www.lemonde.fr/politique/article/2023/01/26/la-crise-de-l-energie-redonne-de-la-vigueur-aux-eurosceptiques_6159374_823448.html

Chasse aux sorcières

Les ravages d'un « consensus » climatique qui a sévi durant plusieurs siècles[1]

Les chasses aux sorcières des XVe au XVIIe siècles en Europe ciblaient les femmes que l'on croyait responsables des mauvaises récoltes, en réalité liées à une baisse des températures durant le petit âge glaciaire due à la disparition des taches solaires pendant le minimum de Maunder. Ce minimum est attesté par les relevés grâce à la lunette astronomique qui venait d'être inventée par Galilée. La croyance selon laquelle des humains maléfiques affectaient négativement le climat et les conditions météorologiques relevait du « consensus » de l'époque, fortement imprégné de christianisme, de colère divine et de démons. À quel point cette notion est-elle étrangement similaire à la litanie actuelle selon laquelle nos

1. Documenté à partir d'un argumentaire du géologue Gregory Wrightstone.

actions – pécheresses selon la religion de l'écologisme punitif – contrôleraient le climat et entraîneraient des conséquences catastrophiques ?

Les premières vastes chasses aux sorcières européennes ont coïncidé avec des températures en chute libre alors qu'à cause des facéties du soleil, on s'éloignait de l'optimum médiéval, bénéfique, de 850 à 1250. La période plus froide qui a commencé au XIIIe siècle a été le début de près de cinq siècles d'avancée des glaciers de montagne et de longues périodes de temps pluvieux et frais. Cette période s'est accompagnée de mauvaises récoltes, de la hausse des prix, de la faim et d'épidémies. De grandes chasses aux sorcières ont commencé dans les années 1430. Le pape Innocent VIII a publié une encyclique consacrant la persécution et l'éradication des sorcières qui « changent le temps »…

Les pires chasses aux sorcières ultérieures ont été « autorisées » par ce décret. Cette période de températures plus fraîches et de disettes s'est poursuivie pendant les deux premières décennies du XVIe siècle. Après un léger radoucissement, l'été 1560 a été synonyme de retour du froid contrariant les récoltes, avec une augmentation de la mortalité infantile et des épidémies. Les malheurs ont été attribués aux sorcières et leurs supposés pouvoirs de provoquer ce temps meurtrier, le froid, la pluie, le gel et les tempêtes de grêle dévastatrices. Elles ont été accusées d'horribles atrocités. Sous la torture, certaines ont prétendument « avoué ». Plusieurs centaines de sorcières, dont une proportion âgées, ont été brûlées sur le bûcher. La pire des chasses s'est produite pendant le froid glacial lors du minimum de Maunder. La frénésie de meurtres a culminé avec celui de 63 sorcières sur le territoire allemand de Wiesensteig au cours de la seule année 1563. Dans toute l'Europe, le nombre de sorcières brûlées sur le bûcher ou pendues a culminé à plus de 500 par an au milieu des années 1600. Avec la tendance au réchauffement à la fin du XVIIe siècle, la chasse aux sorcières s'est progressivement estompée en Europe.

La fabrication du « consensus »

Comment se rassurer en faisant sien un succédané de science en l'absence de démonstration

Richard Lindzen est professeur émérite au département de la Terre, de l'atmosphère et des sciences planétaires au prestigieux Massachussetts Institute of Technology. Il est docteur de l'université de Harvard où il a soutenu sa thèse sur la dynamique de l'atmosphère. Il a par la suite été professeur à Harvard. Il est auteur de plus de 200 publications dans des revues internationales à comité de lecture concernant la météorologie et la climatologie qui ont été citées plus de 10 000 fois dans ces mêmes revues.

Il déclarait[1] lors d'une série d'interviews : « Les personnes qui ne comprennent rien aux sciences, aux mathématiques, ne sont pas sûres d'elles. Comment se sentir sûr ? Si tous les scientifiques sont

1. www.youtube.com/watch?v=7e-oYHyrWPE

d'accord, alors moi aussi je peux le dire et je crois en la Science. C'est pourquoi on leur donne une image simple. L'effet de serre ? C'est une couverture ! Maintenant, se disent-ils, je comprends "la Science". Les majuscules supposent qu'il y a une Science et une seule, dogmatique, et que l'on ne peut la remettre en question. Dire "je crois en la Science", c'est en faire une religion. Au contraire, la science c'est le scepticisme, l'éventuelle remise en question de tout, c'est proposer des solutions et les tester, rien à voir avec un dogme [...] Staline vous tuait si vous vous opposiez à Lyssenko. C'était un argument de poids ! Pour l'eugénisme, c'est plus subtil [...] On a considéré que la faiblesse d'esprit, la stupidité, étaient un seul et même gène récessif. Si vous pouvez vous débarrasser de ce gène, vous pourriez vous débarrasser de ces personnes déficientes. C'était assez simple pour convaincre tout le monde. Les gens "comprenaient" la Science et cela a eu de terribles ramifications dans les années trente [...] L'eugénisme faisait partie de la doctrine du mouvement politique progressiste. Il a engendré de nombreux drames, notamment la politique raciale des nazis qui a déshonoré ce domaine [...] Dès que vous simplifiez quelque chose pour que quelqu'un d'extérieur à la science dise "je comprends la Science", vous avez son adhésion [...] Si vous donnez un argument sophistiqué, cela ne fonctionne pas. Vous devez présenter un argument simple qui permette à ces gens de croire qu'ils ont compris la Science. C'est la même chose avec l'effet de serre. Cela a marché parce que l'on a dit aux gens qu'un gaz à effet de serre, c'est comme une couverture qui vous tient au chaud. Et les gens se disent "maintenant, j'ai compris la Science". Si vous disiez que cela implique le transfert radiatif, la convection, les niveaux d'émissions, cela n'aurait pas été compris [...] En 1988, après l'audition de James Hansen au Sénat des États-Unis, il y a eu immédiatement une couverture du magazine *Newsweek* montrant la Terre en feu avec le titre *tous les scientifiques sont d'accord.* Quand on a fait un sondage à la Société Américaine de Météorologie, il n'y avait pas de consensus [...] À quoi sert ce prétendu consensus ? Les gens entendent dire "tous les scientifiques sont d'accord" et se disent "alors moi aussi je suis d'accord" [...] La grande majorité des scientifiques ne sait rien du tout sur le climat, et surtout ils ne veulent rien savoir du tout sur le climat, c'est un sujet trop dangereux [...] Le seul lauréat du prix Nobel de Physique que je connaisse qui n'est pas d'accord, c'est Ivar Giaever[2]. »

Le lauréat du prix Nobel de physique 1998 Robert Laughlin souligne que[3] « le climat échappe

2. mythesmanciesetmathematiques.wordpress.com/2022/11/16/ivar-giaever-prix-nobel-de-physique-il-ny-a-pas-durgence-climatique/#more-23645
3. theamericanscholar.org/what-the-earth-knows

à notre contrôle, le changement climatique est une question de temps géologique, quelque chose que la Terre fait régulièrement d'elle-même sans demander la permission à qui que ce soit et sans s'expliquer. La Terre n'a que faire de ces gouvernements et de leur législation, elle ne se préoccupe pas de savoir si vous éteignez votre climatiseur, réfrigérateur et téléviseur. Elle ne remarque pas que vous baissez votre thermostat et que vous conduisez une voiture hybride. Les niveaux de CO_2 dans le monde sont déterminés par un processus de régulation géologique, la preuve se trouve dans les roches de la Terre ».

Le lauréat du prix Nobel de physique 2022, John Clauser, va encore plus loin en déclarant[4] : « Le narratif sur le changement climatique constitue une dangereuse corruption de la science qui menace l'économie mondiale et le bien-être de milliards de personnes. Une climatologie bien malavisée s'est métastasée en une pseudoscience journalistique généralisée. À son tour, celle-ci s'est faite bouc émissaire de quantité de maux qui n'ont aucun rapport. Elle a été promue et propagée par des marchands de peur, des politiciens, des journalistes, des agences

4. co2coalition.org/publications/nobel-laureate-john-clauser-elected-to-co2-coalition-board-of-directors
mythesmanciesetmathematiques.wordpress.com/2023/05/09/breaking-un-prix-nobel-de-physique-2022-se-declare-climato-realiste

gouvernementales et des écologistes tout aussi égarés. Il n'y a pas de véritable crise climatique. Il y a cependant un problème bien réel à offrir un niveau de vie décent à la population mondiale sur fond de crise énergétique. » On ne saurait mieux dire. Les représailles n'ont pas tardé. Sa conférence à l'invitation du Fonds monétaire international a été annulée[5].

Que la politique doive faire appel à un prétendu « consensus » est un aveu de faiblesse en l'absence de démonstration. Pour quantifier le propos de Richard Lindzen et des trois Prix Nobel de physique évoqués, on pourra examiner dans la figure suivante le relevé des valeurs de sensibilité climatique toutes publiées dans des revues internationales à comité de lecture, ainsi passées sous les fourches caudines de la revue par les pairs, à savoir de combien s'élèverait la température de la Terre si la concentration de CO_2 doublait dans l'atmosphère, peu importe la valeur de départ puisque la relation est logarithmique.

5. dailysceptic.org/2023/07/23/cancellations-start-for-john-clauser-after-nobel-physics-laureate-speaks-out-about-corruption-of-climate-science

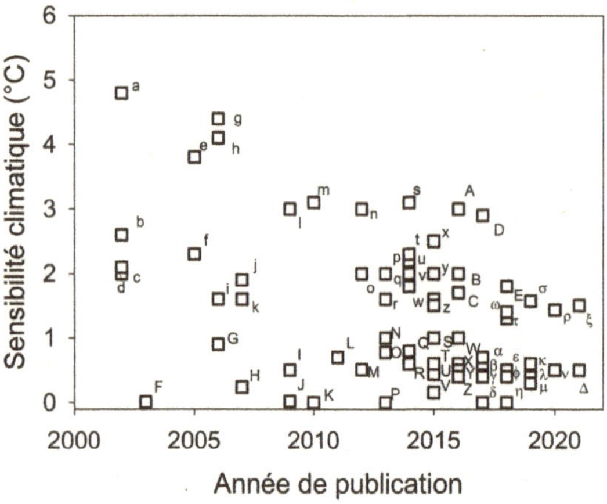

Invraisemblable dispersion des valeurs de sensibilité climatique issues de séries instrumentales rapportées par Hausfather[6] à partir de l'article de Knutti[7], complétée de résultats plus récents ou « censurés » car inférieurs à 1 °C : a : Knutti *et al* 2002 ; b : Kaufmann et Stern 2002 ; c : Gregory *et al* 2002 ; d : Harvey et Kaufmann 2002 ; e : Tsushima *et al* 2005 ; f : Frame *et al* 2005 ; g : Stern 2006 ; h : Forest *et al* 2006 ; i : Forster et Gregory 2006 ; j : Schwartz 2007 ; k : Chylek 2007 ; l : Murphy *et al* 2009 ; m : Lin *et al* 2010 ; n : Schwartz 2012 ; o : Aldrin *et al* 2012 ; p : Bengtsson et Schwartz 2013 ; q : Otto *et al* 2013 ; r : Lewis 2013 ; s : Urban *et al* 2014 ; Donohoe *et al* 2014 ; Lovejoy 2014 ; t : Kummer et Dessler 2014 ; u : Lewis 2014 ; v : Loehle 2014 ; w : Skeie *et al* 2014 ; x : Johansson *et al* 2015 ; y : Cawley *et al* 2015 ; z : Lewis et Curry 2015 ; Loehle 2015 ; A : Forster 2016 ; B : Loeb *et al* 2016 ; C : Lewis 2016 ; D : Armour 2017 ; E : Lewis et Curry 2018 ; F : Jelbring 2003 ; G : Barrett *et al* 2006 ; H : Miskolczi 2007 ; I : Lindzen et Choi 2009 ; J : Florides et Christodoulides 2009 ; K : Clark 2010 ; L : Lindzen et Choi 2011 ; M : Ollila 2013 ; N : Laubereau et Iglev 2013 ; O : Harde 2013 ; P : Singer 2013 ; Q : Lindzen 2014, Lightfoot et Mamer 2014 ; R : Gervais 2014 ; S : Monckton *et al* 2015 ; T : Kissin 2015 ; U : Soon *et al* 2015 ; V : Kimoto 2015 ; W : Bates 2016 ; X : Gervais 2016 ; Y : Evans 2016 ; Z : Smirnov 2016 ; α : Scafetta *et al* 2017 ; β : Abbot et Marohasy 2017, Ollila 2017a ; γ : Smirnov 2017 ; δ : Holmes 2017 ; ε : Stallinga 2018 ; ϕ : Smirnov 2018 ; η : Fleming 2018 ; κ : Ollila 2019 ; λ : Krainov et Smirnov 2019 ; μ : Kim et Lee 2019 ; ν : Stallinga 2020, Schildknecht 2020 ; ρ : Myrvoll-Nielsen *et al* 2020 ; σ : Haustein *et al* 2019 ; τ : Booth 2018 ; ω : Skeie *et al* 2018 ; ξ : Scafetta 2021a ; Δ : Coe *et al* 2021. Les références complètes des travaux publiés figurent dans l'article téléchargeable dont est extraite la figure[8].

---

6. www.carbonbrief.org/explainer-how-scientists-estimate-climate-sensitivity
7. Knutti, R., Rugenstein, M., Hegerl, G., 2017. Beyond Equilibrium Climate Sensitivity. *Nature Geoscience* **10**, 727-736.
8. scienceofclimatechange.org/wp-content/uploads/Gervais-2021-Climate-Sensitivity-Carbon-Footprints.pdf

Le prétendu « consensus » affirmé et répété avec toute la force politique et médiatique de circonstance ne se trouve-t-il pas pour le moins écorné par les écarts impressionnants entre valeurs qui se récusent les unes les autres ? Ajoutons que, le taux de CO_2 dans l'atmosphère augmentant de seulement 0,5 % par an, l'échéance d'un doublement ne semble pas pour demain.

On notera que la valeur la plus élevée dans la figure est cosignée de Knutti, pilier du Giec, puisque son nom apparaît pas moins de 201 fois dans le rapport AR5. Dans son interview à *Sonntagszeitung* parue le 30 octobre 2022, il déclare que les quatre principales menaces environnementales relèvent de l'humanité elle-même qu'il juge stupide, paresseuse, égoïste et myope. Sympa non ?

« Nous possédons La Science »

Au lieu de faire la guerre au carbone,
l'ONU n'est-elle pas censée œuvrer à la paix ?

Cette affirmation figure dans une déclaration de la sous-secrétaire pour la communication globale des Nations unies, en septembre 2022[1]. Désolé, oh grande Organisation des Nations unies, mais la science ne saurait être votre propriété, d'autant moins que vous ne la financez pas. Vous financez le Giec. Mais justement relève-t-il de la science ou de votre politique ?

Mille six cent trente-deux scientifiques, universitaires, ingénieurs, professionnels de l'environnement et de la santé ont signé la déclaration « Il n'y a pas d'urgence climatique » (clintel.org) envoyée au secrétaire général des Nations unies. Cent deux

1. joannenova.com.au/2022/10/we-own-the-science-brags-un-chief-who-works-with-google-to-suppress-climate-skeptic

Français en sont signataires. Elle est signée du professeur Vincent Courtillot, ancien directeur de l'Institut de physique du globe de Paris, membre de l'Académie des sciences, auteur de 244 travaux publiés dans des revues internationales à comité de lecture cités 25 957 fois dans ces mêmes revues[2]. En sont également signataires Jean-Claude Bernier, professeur émérite à l'université de Strasbourg et ancien directeur de l'Institut des sciences chimiques du CNRS, Rémy Prud'homme, professeur émérite à l'université de Paris-Est et ancien directeur adjoint de l'environnement à l'OCDE. Au côté de collègues qui ont été directeurs de laboratoires CNRS, en particulier spécialisés dans la spectrométrie infrarouge des molécules, de Christian Gérondeau, ancien responsable de la sécurité routière, et de bien d'autres éminents collègues, je ne pouvais pas ne pas en être signataire puisque, comme je l'ai répondu à un journaliste de l'Agence France Presse qui m'avait contacté pour vérifier si j'avais bien signé la déclaration, son titre était aussi celui d'un de mes livres, depuis sorti en format poche[3].

Le président de Clintel (*Climate Intelligence*), Guus Berkhout, professeur émérite de géophysique, a envoyé au secrétaire général le 1er novembre 2022,

2. research.com/scientists-rankings/earth-science/fr

3. www.fnac.com/a14186795/Francois-Gervais-L-urgence-climatique-est-un-leurre

juste avant la COP27, le message suivant[4] : « En 2030, les historiens se demanderont avec étonnement comment les Nations unies ont pu durant les décennies précédentes proposer des mesures liées au climat qui n'ont eu aucun impact sur le réchauffement mais en revanche un impact incroyablement négatif sur la prospérité mondiale et le bien-être. Ils se demanderont pourquoi beaucoup de gens, sans se poser de questions, croyaient en une "crise existentielle climatique". L'argumentaire de cette crise était basé sur des modèles informatiques obsolètes qui "surchauffaient", largement relayés par des médias adeptes de la pensée unique. Ils auront du mal à croire qu'un haut responsable des Nations unies ait pu effrontément déclarer en septembre 2022 "Nous possédons La Science et nous pensons que le monde doit le savoir" [...] Pourquoi l'Organisation des Nations unies ne veut-elle pas que le monde réalise que la course vers la neutralité carbone qu'elle propose est scientifiquement inepte, techniquement irréalisable, économiquement inabordable, et en fin de compte socialement inacceptable ? [...] Et pourquoi ne veut-elle pas que le monde sache que le CO_2 est une brique essentielle à la vie sur Terre ? Davantage de CO_2 est indispensable pour verdir la Planète. »

4. clintel.org/open-letter-to-global-leaders-assembled-at-cop27-in-sharm-el-sheikh-egypt

Une inflation de termes apocalyptiques chers au secrétaire général des Nations unies, comme « ère de l'ébullition », « catastrophe », « urgence », « crise », « code rouge », « portée destructrice inouïe », « carnage climatique », « enfer climatique », « menace existentielle », pave le narratif afférent au prétendu « dérèglement climatique ». La Grande Guerre (1914-1918) a causé près de 10 millions de morts parmi les militaires et les conscrits mobilisés à peu près à égalité entre les deux camps. Quel village, si petit soit-il, n'a pas son monument aux morts ? S'y ajoutent 9 millions de civils. La grippe espagnole de 1918 aurait été cause d'au moins 50 millions de morts et peut-être jusqu'à 100 millions selon les dernières réévaluations. Le virus était si virulent qu'un dixième des malades en mouraient. On enterrait les défunts la nuit pour éviter la panique. De nos jours, ne serait-il pas temps de revenir à un peu moins d'outrance, à un peu de décence dans les qualificatifs ne serait-ce que par égard et respect pour ce que nos aînés, eux, *et pour de vrai*, ont durement subi en termes de destructions, de souffrances et de carnages dans des proportions innommables ?

Petits calculs de coin de table

Exercice sur le réchauffement, les décès qui lui sont imputés et l'empreinte écologique

Les éminents scientifiques connus de Richard Lindzen, qui s'inquiètent d'un sujet climatique devenu à ce point politisé qu'ils le considèrent à juste titre comme dangereux, n'auraient aucune difficulté à répondre à quelques questions basiques, à la portée d'un élève de collège.

Énoncé :

• Sachant que, fin 2022, l'atmosphère terrestre contenait 419 ppm de CO_2, que chaque ppm représente 7,81 milliards de tonnes de CO_2 ($GtCO_2$)[1] et donc que l'atmosphère contenait 3 272 $GtCO_2$.

1. La masse totale de l'atmosphère est de $5{,}148.10^{15}$ tonnes. La masse molaire du CO_2 est de 44 g/mol. Pour 1 ppm de CO_2 dans 29.10^6 g d'air : $5{,}148.10^{15} \times 44/(29.10^6) = 7{,}81$ gigatonnes.

• Sachant qu'en 2022, l'humanité a émis environ 36 $GtCO_2$ dont, selon le Giec, seulement 44 % restent au moins momentanément dans l'atmosphère, soit 16 $GtCO_2$, ou 2,1 ppm confirmé par les mesures directes à l'observatoire de Mauna Loa[2]. En continuant à ce rythme d'augmentation de 16/3 272 = 0,5 % (ou 2,1 ppm/419 ppm = 0,5 %) par an, combien d'années faudrait-il pour que le taux de CO_2 double dans l'atmosphère et qu'en conséquence la planète risque de se réchauffer de 0,45 °C × 3 272/1 000 = 1,47 °C, toujours évalué avec les chiffres du *Résumé à l'intention des décideurs* du dernier rapport AR6 du Giec[3] ?

• Interpolez linéairement l'augmentation de température en 2030, en 2050. Peut-on en déduire une « urgence climatique » ?

• Comparez à l'augmentation de température calculée en 2030 et en 2050 avec la sensibilité climatique de 0,78 °C moitié moindre évaluée à partir du spectre infrarouge d'émission thermique du CO_2 atmosphérique[4].

2. gml.noaa.gov/webdata/ccgg/trends/co2/co2_annmean_mlo.txt
3. Paragraphe D.1.1 de l'AR6 SPM : chaque 1 000 GtCO2 d'émissions de CO_2 cumulées devraient probablement causer un accroissement de 0,27 à 0,63 °C de la température de surface globale avec une meilleure estimation de 0,45 °C.
4. scienceofclimatechange.org/wp-content/uploads/Gervais-2021-Climate-Sensitivity-Carbon-Footprints.pdf

On peut, on devrait en conclure qu'effectivement nous vivons une « crise » sans précédent, non pas parce que les projections sont alarmantes, puisqu'elles ne le sont nullement, mais parce que, comme le décrit et le souligne Steven Koonin[5], professeur au CalTech, à l'université de New York, et qui a été un des proches conseillers scientifiques du président Obama, une inquiétude a été générée par ceux qui dramatisent sans avoir fait ce petit calcul. Se propage ainsi une éco-anxiété infondée, d'autant plus grave qu'elle touche en priorité les plus jeunes, conduisant à un embrigadement que par comparaison avec des précédents historiques on pourrait qualifier de « jeunesses climatiques ».

Le secrétaire général de l'ONU, reprenant un article du *Lancet*, a tweeté : « La crise climatique nous tue[6]. » Excusez du peu. La conclusion de l'article était qu'en deux décennies, la hausse des températures aurait augmenté de 68 % le nombre de décès dus à la chaleur parmi les personnes âgées de plus de 65 ans. Seulement l'article commet une erreur de débutant en statistiques en n'ayant pas intégré le fait que dans le même temps, le nombre de personnes de cette tranche d'âge a augmenté sensiblement dans les mêmes proportions grâce à l'allongement de

5. Koonin, S., *Climat, la part d'incertitude*, éd. L'Artilleur (2022).
6. climatechangedispatch.com/lomborg-climate-change-lancets-duplicitous-heat-death-study/

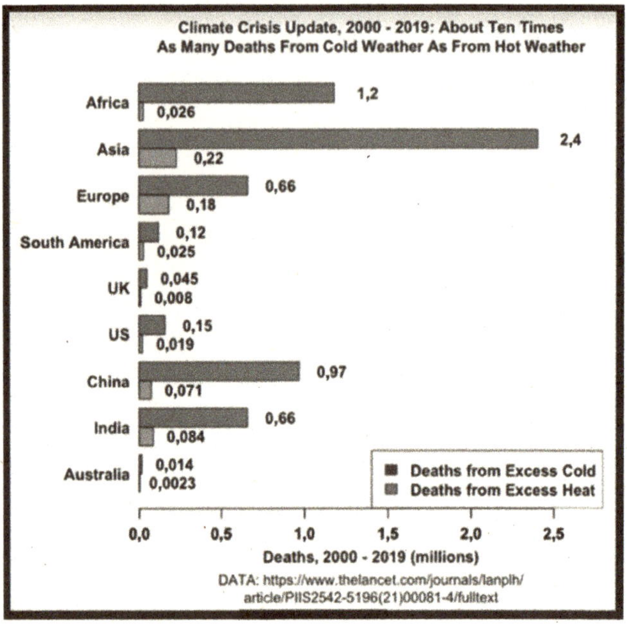

Selon les données de l'étude publiée par le *Lancet* pour la période 2000-2019, un froid excessif tue à peu près dix fois plus de personnes qu'une chaleur excessive.

l'espérance de vie. Merci à la médecine. Mesurée par satellite[7], l'augmentation de température moyenne sur la période n'excède pas un à deux dixièmes de degré, moins encore pour la fraction anthropique. Elle n'apparaît nullement comme le redoutable tueur désigné. L'autre problème de ce qui pourrait être

7. www.drroyspencer.com/2022/11/uah-global-temperature-update-for-october-2022-0-32-deg-c/

une tromperie délibérée[8] est que si les températures actuelles provoquent des décès supplémentaires par la chaleur, elles évitent incomparablement plus de décès par le froid, le principal serial killer dans ce domaine.

Autre « étrangeté » récurrente, celle de l'empreinte écologique globale qui se propose d'évaluer la ponction opérée par l'espèce humaine sur la biosphère. Sa projection « officielle » à l'horizon 2050 suggère que nous exploiterions alors l'équivalent des ressources de près de trois planètes Terre au rythme actuel. Mais si l'on regarde de plus près la courbe ci-dessous, détaillant la contribution écologique *stricto sensu* (terrains bâtis, surface de pêche, forêts, pâturages, terres cultivées), seule une contribution devrait augmenter dramatiquement. Elle est reproduite en gris sombre, aussi sombre que la perspective annoncée. Elle plombe l'empreinte pour plus de la moitié. C'est évidemment « l'empreinte carbone ».

Si l'on oublie l'amalgame trompeur mélangeant des choux et des carottes, et qu'on retire la contribution « empreinte carbone » de l'empreinte écologique

8. co2coalition.org/2023/07/26/the-lancets-graphical-deception-too-common

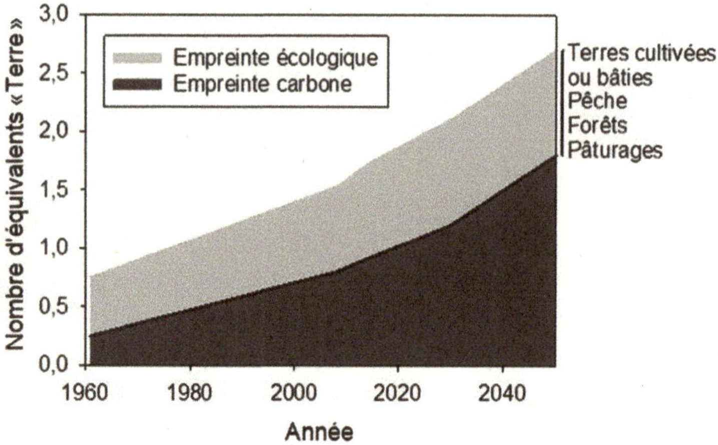

globale, le « jour du dépassement de la Terre » ne serait pas atteint en juillet ou en août, mais jamais, du moins durant ce siècle. Et ce, en dépit du doublement du nombre de nos contemporains durant un peu moins de cinquante ans. Et également en dépit d'un scénario d'émissions trop influencé par un scénario RCP8.5 relevant d'une imagination débordante mais en réalité parfaitement factice. Durant l'année de confinement 2020, l'échéance du « jour de dépassement » a été repoussée de trois semaines. L'humanité aurait-elle cessé de s'alimenter ? Pas le moins du monde. En revanche, elle s'est moins déplacée, contrainte et forcée, d'où une moindre empreinte carbone. Pourtant un tiers de celle-ci est directement bénéfique à la végétation et à la croissance des plantes nutritives. Le meilleur rendement des techniques agricoles grâce à une mécanisation nourrie de carburants lui profite également. Mais en Absurdie, il est d'usage de cacher sous le tapis les bienfaits qui contrarient l'instruction à charge.

Images dévoratrices

Tournesols maculés, spectre de punitions, restrictions, privations, expiation

« La transition écologique en manque de récit » était le titre de l'éditorial du *Monde* au lendemain de la présentation le 21 octobre 2022 du plan « France nation verte ». Christian Salmon écrit[1] : « Ce qu'on a vu pour le moment, ce sont des photos. Mais il manque le script du film, un narratif partagé. C'est en effet une illusion partagée par les milieux politiques et les médias que de croire qu'un récit peut remédier à une crise de civilisation qui questionne nos modes de consommation [...] La communication du gouvernement emprunte à un lexique de la contrainte : *"efforts"*, *"responsabilité"*, *"sacrifice"*. Les mesures annoncées sont formulées

1. www.lemonde.fr/idees/article/2022/11/06/christian-salmon-recit-de-la-catastrophe-catastrophe-du-recit_6148722_3232.html

en termes de renoncement, de privations, de restrictions. Elles n'empruntent jamais le langage de l'expérimentation, de l'invention. Il y va toujours de la perte d'un mode de vie ou d'habitudes de consommation, jamais de la reconquête de nouveaux espaces [...] De punitive, l'écologie serait passée au stade expiatoire [...] Il s'agit seulement de se corriger au quotidien par écogestes et sobriété, jamais de se déployer sur d'autres terrains d'expériences. La catastrophe écologique met en crise tous les récits dominants, mais elle échoue à proposer un horizon de possibles, elle est enfermée dans une boucle de rétroaction : récit de la catastrophe, catastrophe du récit [...] L'expérience que les hommes avaient depuis toujours du temps et de l'espace a été ridiculisée au tournant des années 2000 par les nouvelles technologies de l'information et de la communication [...] Un déferlement d'images préside désormais à notre vision du monde et sature notre environnement visuel [...] Nous ne regardons plus les images, nous y tombons. Nous sommes immergés en elles. Elles nous engloutissent. Elles n'appartiennent pas au régime du spectacle, mais à celui du spectral, ne relèvent plus de l'exposition mais de la dévoration. »

C'est devenu un grand classique. Au nom de « la planète » et pour se donner une posture de héros, de jeunes écervelés commettent des actes répréhensibles afin d'attirer l'attention, comme si ces actes pouvaient rendre l'opinion favorable à leur cause, alors que l'inverse est tout aussi plausible[2]. Christophe Passer[3] imagine que le peintre Vincent Van Gogh s'adresse depuis l'au-delà aux deux jeunes femmes qui ont aspergé de soupe à la tomate *Vase avec quatorze tournesols* exposé à Londres : « Depuis les limbes où je suis entré depuis l'été de 1890, cette balle dans ma poitrine, ne souhaitant pas vous préciser s'il s'agit d'un enfer ou d'autre chose, n'étant d'ailleurs pas sûr de le comprendre encore, j'avais envie de vous entretenir de la vie et la mort des fleurs, sujets que je sais dans mon cœur. Je vous ai vues devant ce tableau de ma main, en cette National Gallery de Londres, ville que je ne connais pas. Pourquoi choisir celui-là ? Parce qu'il est "connu", comme cela semble si important en votre temps, ou parce qu'il est très cher ? 84 millions de dollars, dit-on, somme si bête, abstraite et obscène, pour moi qui n'ai vendu qu'un seul de mes 2 000 tableaux ou dessins de mon vivant. Je l'ai négocié 400 francs, rien. Il s'appelle "La vigne rouge". Il traîne égaré dans un musée de Moscou. Je l'avais peint la même année que ces

2. www.contrepoints.org/2022/11/26/444198-la-radicalisation-rampante-du-militantisme-climatique
www.lemonde.fr/international/article/2023/03/05/en-allemagne-une-action-de-militants-pour-le-climat-provoque-un-tolle_6164204_3210.html
3. www.24heures.ch/vincent-van-gogh-lettre-a-deux-petites-terroristes-412056038136

tournesols sur lesquels vous avez jeté de la soupe à la tomate. C'est drôle. Il y avait des orangés ardents sur cette “Vigne rouge”, qui me font penser à la couleur dégoulinante hystériquement fracassée sur mon tableau. Vous saviez qu'il y avait une vitre, car vous n'êtes pas stupides, mais profondément lâches, et ne comprenant ni la nature, ni la beauté, ni la mort qui leur fait cortège. Vous n'aviez pas envie de vraiment abîmer mon œuvre, non parce que vous l'appréciez, juste parce que vous êtes trop veules, éteintes et pâles, acculturées par la vitesse, surtout si peureuses de tout et des vraies conséquences. Votre époque est ainsi : faire les malignes avec des images vilaines et téléphonées, saturées de couleurs criardes à vomir, hurler, jouer à se faire arrêter, mais ne pas risquer grand-chose. J'aurais voulu que vous saisissiez vertigineusement, agressant pour de vrai les mille jaunes de mes fleurs, que l'art est vivant, qu'il est la vie, justement parce qu'il n'est pas éternel. Mes tableaux vieillissent comme votre peau blanche et tendre, ils se craquellent, s'érodent presque. Mais s'ils ont touché un regard, une émotion, s'ils ont créé un frisson, ils ont pourtant une éternité étrange, prolongement sans fin de cette affaire qui porte tant de noms : la vérité, l'essence du monde, le sel de la terre, la beauté, la dague dans nos âmes [...] Faire sauter des bouddhas à Bamiyan ou faire semblant, talibanes 2.0, de s'attaquer à mes tournesols, c'est exactement la même chose : vouloir la mort de ce qui justifie la vie, lui donne sens, tentant d'en faire autre chose qu'un passage grotesque [...] Pour vous, l'art est un luxe inutile, n'est-ce pas ? Cela me fait si mal, moi crevé si pauvre en gémissant, frère des pauvres des campagnes et des villes, si malheureux pour eux [...] L'art vaut plus que la vie, il est plus important, il lui est nécessaire, l'art vaut la peine d'être vécu. Mes tournesols pousseront sur vos tombes. »

Les activistes peuvent être des enfants élevés dans le cocooning. Leurs parents leur donnaient tout ce qu'ils voulaient. Ils ne connaissent pas la difficulté conjuguée au plaisir d'obtenir une chose par l'effort. C'est le symptôme des enfants qui cassent leurs jouets, car ils en ont trop. Les plus radicaux d'entre eux vont jusqu'à considérer le travail, que les plus jeunes d'entre eux ne semblent pourtant pas avoir longuement expérimenté, comme une « pollution[4] ».

Certains plus anciens, et non des moindres, ont toutefois eu la sagesse de prendre leurs distances. Ce fut le cas de Patrick Moore[5]. Jean-Paul Oury

4. atlantico.fr/article/rdv/reforme-des-retraites-le-travail-est-une-pollution-pour-les-activistes-climat-observatoire-des-radicalites-et-du-wokisme-opposition-gauche-gouvernement-vert-rechauffement-climatique-transition-energetique-emmanuel-macron-cgt-olivier-vial

5. Moore, P., *Confession d'un repenti de Greenpeace*, éd. L'Artilleur (2020).

le présente en ces termes[6] : « Si vous ne connaissez pas Patrick Moore, je vous conseille d'écouter l'une de ses vidéos. Il a un récit captivant dans lequel il raconte comment il est né dans un milieu naturel exceptionnel, a fait un doctorat en sciences environnementales, a fondé Greenpeace puis démissionné avec pertes et fracas. Ses premières actions ont consisté à s'opposer aux essais de la bombe H puis aux essais nucléaires dans le pacifique, à Mururoa et ensuite à sauver les baleines des chasseurs japonais. Toutes ces actions, comme il l'explique fort bien, ont été menées au service de la nature et de l'environnement. Mais il a quitté l'ONG environnementale quand il s'est aperçu que celle-ci voulait mettre en place une campagne anti-chlore ce qui d'après Moore était totalement irrationnel et fondé sur de la pseudoscience, puisqu'on trouve ce produit partout et qu'il faut appliquer le principe selon lequel c'est la dose qui fait le poison. Aujourd'hui Moore dénonce la récupération politique de la science à travers les politiques climatiques. Il est très critique à l'égard de la thèse du réchauffement climatique anthropique notamment. Son expérience résume à peu près toutes les formes de positions que l'on peut avoir au sujet de l'environnement : amoureux de la nature et des paysages, docteur en science de

6. atlantico.fr/article/decryptage/la-france-a-t-elle-besoin-d-une-pause-sur-les-contraintes-environnementales-ou-de-redefinir-ce-que-signifie-vraiment-la-protection-de-l-environnement-jean-paul-oury-michel-de-rougemont

l'environnement, militant engagé et également critique d'une politique scientifique (en l'occurrence la politique climatique). »

La propre porte-parole[7] du mouvement activiste Extinction Rebellion a également claqué la porte[8]. Même Greta Thunberg, montrant qu'elle a tout de même un brin le sens du ridicule, a effacé un de ses tweets de 2018 annonçant que le réchauffement climatique allait anéantir l'humanité cinq ans plus tard[9]. La prophétie était de la même veine que celle d'*Associated Press* en 1989 comme quoi « toutes les nations pourraient être rayées de la surface de la Terre par la montée des océans dès l'année 2000 », ou celle d'Al Gore en 2006 annonçant un Arctique libre de glace dès l'été 2013. Mais ces derniers n'ont pas jugé bon de revenir sur la fausseté avérée de leurs prédictions…

Dans un article intitulé « Le désespoir silencieux des fanatiques woke du climat[10] », l'écologiste Michael

7. wattsupwiththat.com/2023/01/25/former-spokesperson-for-extinction-rebellion-turns-on-group-now-rejects-climate-doomsday-climate-activism-has-a-cult-problemi-used-to-be-one-of-them-i-w
8. www.climato-realistes.fr/une-secte-ecologiste-decrite-de-linterieur
9. climatetverite.net/2023/03/17/greta-efface-un-tweet-annoncant-que-le-rechauffement-climatique-allait-balayer-lhumanite
10. public.substack.com/p/the-quiet-desperation-of-woke-fanatics

Shellenberger, qui a publié avec le Prix Nobel Ted Nordhaus[11], revient sur les militants qui ont bloqué des autoroutes parce que les voitures émettent du CO_2, versé du lait sur le sol des supermarchés parce que le bétail éructe du méthane et jeté de la soupe à la tomate sur les tournesols de Van Gogh parce que le changement climatique serait plus important que l'art. Pour la petite histoire, la marque de la soupe à la tomate projetée sur la Toile était Heinz, groupe hérité de son premier mari défunt par l'épouse d'un certain… John Kerry, « envoyé pour le Climat » nommé par le président Biden[12].

Selon Shellenberger, l'explication de la place de l'humanité dans l'univers depuis le big bang, l'évolution par la sélection naturelle, aboutirait à un récit dominant selon lequel nous ne serions que des animaux comme les autres et que la vie n'aurait pas de sens ou de but inhérent. Ce narratif déprimant a conduit les activistes à créer une nouvelle religion apocalyptique, la catastrophe climatique, les péchés contre la nature, la voie vers la rédemption passant par les énergies renouvelables et la sobriété énergétique. La composante climatique de ces mouvements

11. Shellenberger, M., Nordhaus, T., Break Through: Why We Can't Leave Saving the Planet to Environmentalists, éd. Mariner Books (2009).
12. climatechangedispatch.com/eco-zealot-john-kerry-now-targeting-farmers-and-food-to-battle-climate-crisis

serait financée par les héritiers des fortunes pétrolières Getty et Rockefeller, donations évidemment saluées par le secrétaire général des Nations unies. S'agirait-il dans leur esprit d'achat d'indulgences plénières pour obtenir le pardon des « péchés » familiaux ? Les autres religions n'ont d'alternative que de prendre le train en marche. Ne sont-elles pas allées jusqu'à énoncer dix nouveaux commandements et à déposer ces nouvelles tables de la loi sur le mont Sinaï, lors de la COP27[13] ?

Toutefois, ne jetons pas la pierre aux jeunes activistes car ceux qui colportent les poncifs du prétendu « dérèglement climatique » savent que les personnes qui réfléchissent et comprennent la méthode scientifique ne s'y laisseront pas prendre. Ils ciblent donc préférentiellement certains jeunes plus impressionnables. C'est d'autant plus abject que l'éducation mondiale est sommée par l'ONU d'y participer[14]. Il ne faut pas s'étonner que selon un sondage Ifop, la proportion des jeunes âgés de 18 à 24 ans qui perçoivent positivement la science a chuté de 22 points depuis 1972. Le psychisme de certains enfants est

13. thenewamerican.com/amid-un-climate-summit-religious-leaders-unveil-new-ten-commandments
14. climatechangedispatch.com/at-cop27-the-un-wants-public-schools-to-spread-climate-propaganda
cornwallalliance.org/2023/04/shining-light-on-science-educations-dark-age

tellement marqué que certains envisagent de ne pas avoir d'enfants, voire de militer pour le contrôle des naissances[15]. Le discours catastrophiste climatique a créé une toute nouvelle catégorie de troubles psychologiques, l'éco-anxiété. Les marchands de peur de toutes obédiences ont malheureusement une propagande redoutablement efficace.

Suggérons à ces jeunes activistes qui semblent avoir de l'énergie à revendre ou à ces jeunes anxieux qui pourraient confronter leurs craintes infondées[16] aux dures réalités[17] d'aller prêter main-forte aux milliers d'enfants congolais[18] condamnés dans des conditions épouvantables à extraire le cobalt indispensable à la construction des batteries des smartphones et des véhicules électriques.

---

15. atlantico.fr/article/rdv/restera-t-il-encore-des-enfants-pour-feter-noel-fetes-de-fin-d-annee-societe-religion-france-heritage-eglise-olivier-vial
16. clintel.org/france-wcd
17. www.hrw.org/fr/news/2023/02/06/rd-congo-les-atrocites-de-la-rebellion-du-m23-soutenue-par-le-rwanda
18. www.amnesty.org/fr/latest/news/2016/01/child-labour-behind-smart-phone-and-electric-car-batteries
wattsupwiththat.com/2023/03/04/climate-child-labor-who-cares
climatechangedispatch.com/we-work-in-our-graves-cobalt-carnage-child-labor-eco-destruction-and-murder

Errements de la décarbonation

Scientifiquement inepte, techniquement irréalisable,
gravement dommageable à l'environnement,
socialement inacceptable,
« la routine habituelle quoi... »[1]

Le mot « décarboner » n'existait pas dans les encyclopédies et dictionnaires antérieurs à ce début de siècle. Le carbone est partie intégrante de la végétation, des animaux et des êtres humains. Décarboner au sens littéral impliquerait la disparition de toutes formes de vie humaine, animale et végétale. Le concept apparaît ainsi en parfaite contradiction avec celui, fourre-tout, de préservation de l'environnement.

Nous inspirons de l'oxygène et exhalons du dioxyde de carbone. Dans notre haleine, sa proportion est

1. Entre guillemets, tribut au commandant du vaisseau pirate dans *Astérix et Cléopâtre*.

quelque 20 fois supérieure à celle dans l'air extérieur. Durant une vie, environ 25 tonnes de CO_2 sont exhalées par un être humain. Même multiplié par 8 milliards de nos contemporains, le chiffre reste très inférieur aux plus de 3 000 milliards de tonnes de CO_2 présentes dans l'atmosphère. Ceci est intentionnellement précisé pour tenter de décourager les activistes d'euthanasier l'humanité tout entière et avec elle les animaux sur ce méchant prétexte. Les éradiquer serait d'autant plus inutile que les océans contiennent soixante fois plus de CO_2 que l'atmosphère et qu'ils en échangent avec elle des proportions très supérieures, comme en témoignent les mécanismes naturels qui ont prévalu depuis des siècles.

La France, un millième de la superficie de la Terre, représentative de la planète ?

« Face au désastre écologique qui affecte désormais le quotidien et l'intimité de tous les contemporains… », telle est l'introduction d'un article intitulé « Penser et agir dans un monde en feu[2] ». L'article est assorti d'une profusion de jérémiades sur le temps qu'il a fait durant l'été 2022 et ses conséquences, indéniables, mais faussement attri-

2. www.lemonde.fr/idees/article/2022/09/23/climat-penser-et-agir-dans-un-monde-en-feu_6142831_3232.html

buables aux émissions du bouc émissaire de service. « L'espace d'un été, le monde a basculé. Aucun coin de terre n'a échappé à sa saison en enfer. » Cette phrase ainsi que « le quotidien de tous les contemporains » illustrent ce que l'on appelle couramment de nos jours une « fake news », particulièrement regrettable pour un quotidien qui s'est autoproclamé décodeur. Car pendant que la France connaissait effectivement un été 2022 sans beaucoup de nuages, un soleil généreux et ainsi des températures au-dessus des moyennes de saison, responsables d'une sécheresse, l'hémisphère Sud connaissait au contraire des températures inférieures aux moyennes de saison, comme le montre cette carte des écarts aux moyennes d'août 2022, actualisée chaque mois par le professeur Ole Humlum (climate4you.com).

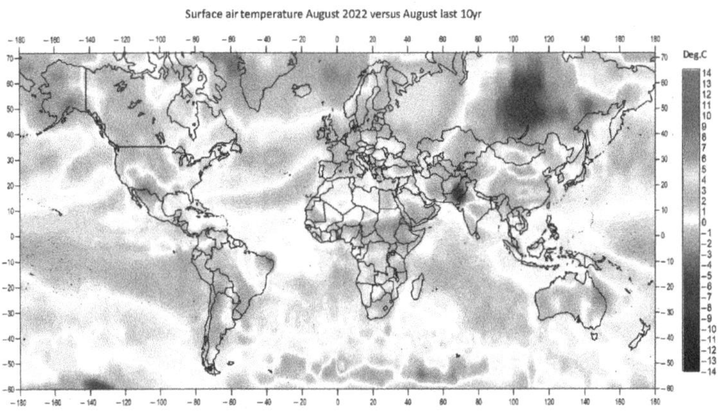

Faut-il déduire de l'article que les habitants de l'hémisphère Sud ne seraient pas nos contemporains ? La superficie de la France n'excède pas un millième de celle de la planète. Le temps qu'il fait dans ce minuscule millième s'arrogerait-il la représentativité des 999 autres millièmes ? Avec une superficie représentant le tiers de celle de la France, l'Alabama dont la température est comparée aux projections des modèles de climat dans le chapitre « Le dioxyde de carbone CO_2 : démoniaque ou bénéfique ? » serait-il moins représentatif ? Alors qu'en France, Noël 2022 était « au balcon », un blizzard rarement subi, assorti de température plongeant jusqu'à –55 °C, gâchait la fête aux États-Unis en privant d'électricité un million et demi d'Américains et causant la mort de dizaines de personnes. Ce CO_2, à peu de chose près uniformément réparti dans l'atmosphère, s'il était effectivement coupable, serait bien facétieux…

Que nous réserve la météo à venir ? Nul ne le sait, contrairement aux rapports du Giec, trop qualitatifs et parsemés d'incertitudes quantitatives trop importantes pour relever de la prévision scientifique utile. Quels seront les contours des pressions atmosphériques durant les prochaines saisons ? Nul ne peut le prédire car ils relèvent de phénomènes physiques qualifiés de « chaotiques », trop sensibles aux conditions initiales pour autoriser une prévision fiable sur le long terme. Comme le montrent les relevés de 3 000 stations de mesures en divers endroits du monde depuis 1900, les écarts mensuels aux moyennes de saisons supérieurs ou inférieurs à 10 °C ne sont ni plus fréquents ni d'amplitude différente aujourd'hui de ce qu'ils ont toujours été[3]. Sur le plus long terme, le climat change comme il a toujours changé[4]. Il a été plus chaud lors des *optima* minoen, romain et médiéval. Il a été plus froid dans les âges sombres intermédiaires et plus récemment lors du minimum de Maunder à la fin du règne de Louis XIV, aggravant les famines. Décarboner n'arrêtera ni les promeneurs imprudents ni surtout les instincts criminels de pyromanes à l'origine de nombreux incendies de forêts durant l'été 2022 en France.

La décarbonation justifiée scientifiquement ?

Se basant sur leurs remarquables compétences en climatologie pour le premier, en spectrométrie pour le second, Richard Lindzen, professeur émérite au prestigieux MIT, et William Happer, pro-

3. Lindzen, R.S., Christy, J.R., 2020. The Global Mean Temperature Record: How It Works and Why It Is Misleading. co2coalition.org/publications/the-global-mean-temperature-anomaly-record
4. Manheimer, W., 2022. While the Climate Always Has and Always Will Change, There Is no Climate Crisis. *J. Sustainable Development.* DOI: 10.5539/jsd.v15n5p116

fesseur émérite à la tout aussi prestigieuse université de Princeton, ont montré[5] que d'un point de vue strictement scientifique, la décarbonation n'est nullement justifiée et qu'elle menace rien moins que la vie de milliards de personnes. Leur argumentaire souligne que :

- les évènements météorologiques extrêmes ne sont ni plus graves ni plus fréquents. Les observations ne montrent aucune augmentation et, dans certains cas, leur diminution ;
- la recherche et les études scientifiques qui nuancent, voire contredisent, le narratif alarmiste du Giec sont systématiquement censurées et exclues de ses rapports ;
- le projet de décarbonation s'appuie sur des modèles de climat qui se contredisent les uns les autres au-delà du raisonnable et ne sont pas validés par les observations. Il se fie aux conclusions du *Résumé pour* (en fait *par*) *les décideurs* des rapports du Giec, plus politiques que scientifiques ;
- les nombreux avantages d'un réchauffement modeste, les bénéfices des combustibles fossiles pour les pays en voie de développement, ainsi que l'augmentation du dioxyde de carbone pour la croissance de la végétation sont régulièrement

5. co2coalition.org/wp-content/uploads/2023/02/2023-02-23-Challenging-Net-Zero-with-Science.pdf

soit éliminés, soit minimisés dans les rapports gouvernementaux ;

- l'élimination des combustibles fossiles et la mise en œuvre de politiques de décarbonation conduiraient à la suppression d'engrais et de produits phytosanitaires dérivés des combustibles fossiles. Elles condamneraient la moitié de la population mondiale à ne pas manger à sa faim ;
- en refusant tout débat, le projet de décarbonation rejette le vaste pan de la science qui démontre qu'il n'y a pas de risque de réchauffement climatique catastrophique causé par les combustibles fossiles et le CO_2.

Régularités périodiques de sentinelles du climat censurées par le Giec

Pourquoi les modèles climatiques qui se récusent exagérément les uns les autres imputent-ils à tort les écarts minimes de températures aux seules émissions dues aux combustibles fossiles ? Pourquoi se refusent-ils à ouvrir les yeux quant à des régularités mesurées par plusieurs sentinelles du climat ? Et ce n'est pas faute de l'avoir rappelé au Giec *via* mes quatre rapports successifs d'*expert reviewer* pour l'AR5 puis l'AR6.

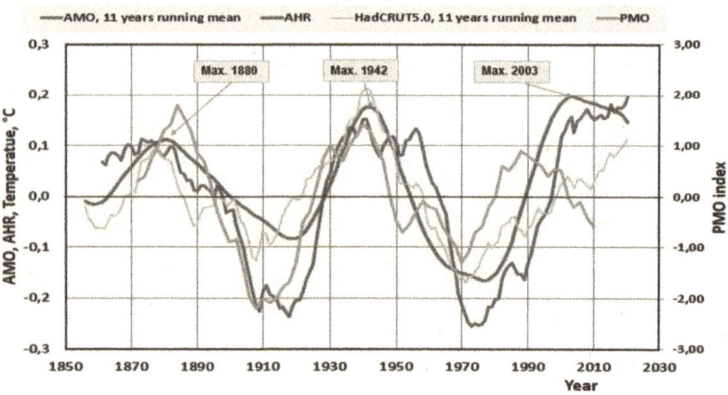

Ces sentinelles ont pour noms oscillation atlantique multidécennale (AMO), sa contrepartie Pacifique (PMO), les résonances harmoniques astronomiques (AHR), présentant toutes un maximum récent certes mais montrant aussi que si la régularité se confirme, comme le précise la figure ci-dessus[6], le maximum pourrait être suivi d'un minimum d'ici moins de trente ans. Par analyse de Fourier d'autres sentinelles du climat, une équipe de l'Institut de physique du globe de Paris confirme une régularité similaire[7]. Elles s'ajoutent à nombre

6. Ollila, A., Timonen, M., 2022. Two Main Temperature Periodicities Related to Planetary and Solar Activity Oscillations. *RMetS.* DOI: 10.1002/joc.7912
7. Lopez, F., Courtillot, V., Gibert, D., Le Mouël, J.L., 2022. Extending the Range of Milankovic Cycles and Resulting Global Temperature Variations to Shorter Periods (1-100 year range). *Geosciences* **12**, 448. DOI: 10.3390/geosciences12120448

d'observations antérieures[8,9,10,11,12,13,14,15,16] ou plus récentes[17]. Il commence à y avoir trop d'éléments allant dans le même sens pour que cela relève de la seule coïncidence. Si elles se confirment, l'Absurdie ne connaîtrait plus de frontières, car on prétendrait nous condamner à décarboner à grands frais, en accroissant une précarité énergétique et en condamnant les plus démunis à la misère, en réalité à cause d'imperceptibles modifications d'inclinaison de l'axe de rotation de la

8. Schlesinger, M.E., Ramankutty, N., 1994. An Oscillation in the Global Climate System of Period 65-70 Years. *Nature* **367**, 723.
9. Ogurtsov, M.G., Nagovitsyn, Y.A., Kocharov, G.E., Jungner, H., 2002. Long-period Cycles of the Sun's Activity Recorded in Direct Solar Data and Proxies. *Solar Phys.* **211**, 371.
10. Loehle, C., 2004. Climate Change: Detection and Attribution of Trends from Long-term Geologic Data. *Ecological modelling* **171**, 433.
11. Scafetta, N., 2009. Empirical Analysis of the Solar Contribution to Global Mean air Surface Temperature Change. *J. Atmospheric & Solar-Terrestrial Physics* **71**, 1916.
12. Akasofu, S.I., 2010. On the Recovery from the Little Ice Age. *Natural Science* **2**, 1211.
13. D'Aleo, J., Easterbrook, D.J., 2010. Multidecadal Tendencies in Enso and Global Temperatures Related to Multidecadal Oscillations. *Energy & Environment* **21**, 436.
14. Knudsen, M.F., Seidenkrantz, M.-S., Jacobsen, B.H., Kuijpers, A., 2011. Tracking the Atlantic Multidecadal Oscillation through the Last 8,000 Years. *Nat. Commun.* DOI: 10.1038/ncomms1186
15. Chambers, D.P., Merryfield, M.A., Nerem, R.S., 2012. Is There a 60-Year Oscillation in Global Mean Sea-Level? *Geophys. Res. Lett.* **39**, L18607.
16. Lüdecke, H.-J., Hempelmann, A., Weiss, C.O., 2013. Multi-Periodic Climate Dynamics: Spectral Analysis of Long-Term Instrumental and Proxy Temperature Records. *Clim. Past* **9**, 447.
17. Scafetta, N., Bianchini, A., 2023. Overview of the Spectral Coherence between Planetary Resonances and Solar and Climate Oscillations. *Climate* **11**, 77.

Terre et/ou de résonances astronomiques dans lesquelles le CO_2 n'est bien évidemment pour rien.

Si le soleil a davantage chauffé la Terre ces dernières années, les océans l'ont été aussi. Or ils contiennent soixante fois plus de CO_2 que l'atmosphère. Le dioxyde de carbone est très soluble dans l'eau, comme l'illustrent les boissons gazeuses. Mais *la solubilité de ce gaz diminue lorsque la température augmente.* Humlum et coauteurs[18] le confirment en montrant que les fluctuations de l'augmentation du CO_2 dans l'atmosphère ***suivent systématiquement*** les fluctuations de température avec quelques mois de retard. L'amplitude considérable de ces fluctuations de 0,5 ppm en 1992 à 3,5 ppm en 2016 est calquée sur celle de la température[19], impliquant un mécanisme différent des émissions anthropiques. climate4you.com actualise la relation qui continue à se vérifier mois après mois[20].

18. Humlum, O., Stordahl, K., Solheim, J.E., 2013. The Phase-Relation Between Atmospheric Carbon Dioxide and Global Temperature. *Global & Planetary Change* **100**, 51.

19. scienceofclimatechange.org/wp-content/uploads/Gervais-2021-Climate-Sensitivity-Carbon-Footprints.pdf

20. Voir aussi le paragraphe 4 de scienceofclimatechange.org/wp-content/uploads/Gervais-2021-Climate-Sensitivity-Carbon-Footprints.pdf

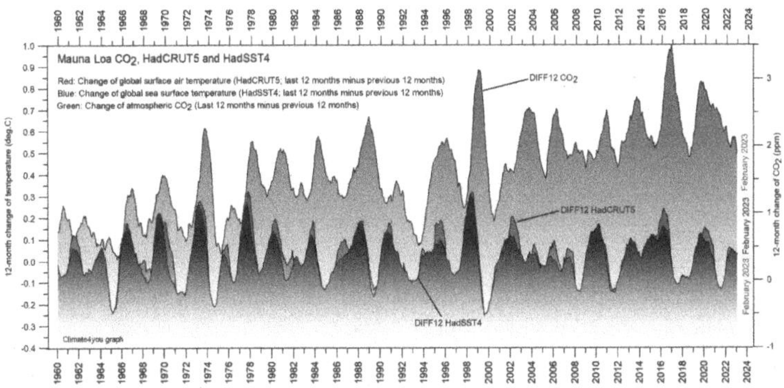

Une étude récente sur l'isotope ^{14}C du carbone atmosphérique conclut à une augmentation de seulement 12 % de la contribution issue des combustibles fossiles[21]. On connaît mal par ailleurs les émissions de CO_2 liées à l'activité volcanique sous-marine. Les dorsales océaniques sont en effet responsables des trois quarts du volcanisme total. Et si une partie de l'augmentation du CO_2 atmosphérique provenait ainsi non pas seulement des émissions, mais aussi du petit accroissement de l'échauffement des océans par le soleil, voire le magma sous-marin, et du dégazage qui en résulte[22] ? On pourrait toujours décarboner, tendre vers la neutralité carbone, mais de là à ima-

21. Skrable, K., Chabot, G., French, C., 2022. World Atmospheric CO_2, Its ^{14}C Specific Activity, Non-fossil Component, Anthropogenic Fossil Component, and Emissions (1750-2018). *Health Physics* **122**, 291-305. DOI: 10.1097/HP0000000000001485

22. www.science-climat-energie.be/2022/03/25/soleil-temperature-et-co2

giner que serait au rendez-vous une nette baisse de concentration de CO_2 atmosphérique...

Les projections devraient aussi prendre en compte l'effet d'îlot de chaleur urbain[23] qui augmente avec la population mondiale. Entre 2003 et 2018, la superficie urbaine a augmenté de 23,5 % et elle pourrait augmenter davantage d'ici 2035[24]. Par ailleurs, les plus récents travaux publiés ne font pas état d'inquiétude quant à une éventuelle fonte du pergélisol[25]. La quantité de carbone dans le pergélisol est de toute façon moindre que celle dans les océans qui, réchauffés, seraient les premiers à relâcher du CO_2.

Rénovation thermique des logements

Un autre volet parallèle à la « décarbonation » réside dans l'isolation thermique des logements. Sous nos latitudes, elle ne saurait avoir d'impact significa-

---

23. Scafetta, N., 2021. Detection of Non-Climatic Biases in Land Surface Temperature Records by Comparing Climatic Data and their Model Simulations. *Climate Dynamics.* doi.org/10.1007/s00382-021-05626-x
www.drroyspencer.com/2023/07/the-urban-heat-island-effect-in-ghcn-station-temperatures-urban-locations-show-large-spurious-warming-effects/
24. notrickszone.com/2023/02/13/in-2003-the-globe-was-0-34-urban-by-2035-0-96-will-be-global-warming-is-significantly-urban-induced
25. Painter, S.L., *et al*, 2023. Drying of Tundra Landscapes Will Limit Subsidence-Induced Acceleration of Permafrost Thaw. *PNAS.* DOI: 10.1073/pnas.2212171120

tif sur la consommation énergétique que trois à six mois par an. Avant d'imposer l'opération aux particuliers en les condamnant à l'interdiction de location du logement[26], ou même de le vendre[27], l'État français serait inspiré d'isoler ses propres bâtiments. Au début de ce siècle, radiateurs allumés au cœur de l'hiver, la température pouvait ne pas dépasser 14 °C dans les bureaux des plus anciens bâtiments à la faculté des sciences et techniques de l'université François-Rabelais. On n'avait d'autre choix que de s'inviter chez les collègues qui disposaient d'un radiateur électrique d'appoint.

Quel est le meilleur isolant ? Le vide, utilisé par exemple dans les vases Dewar et bonbonnes pour éviter l'évaporation trop rapide de l'azote liquide ou de l'hélium liquide. À défaut de vide, l'air est un bon isolant, présent dans un double vitrage, ou dans les briques creuses et autres parpaings creux. Autrement dit, une bonne isolation se conçoit lors de la construction du logement. Une rénovation thermique risque de relever de l'emplâtre sur une jambe de bois, surtout si elle n'est pas assortie d'une obligation de résultats *mesurés* à l'issue des travaux, non pas seulement *estimés* par une simulation infor-

26. www.lemonde.fr/argent/article/2023/01/07/location-l-avenir-incertain-des-logements-energivores_6156957_1657007.html
27. www.contrepoints.org/2023/03/24/453128-passoires-thermiques-apres-linterdiction-de-louer-celle-de-vendre

matique plus que discutable[28]. Sinon, on n'a que ses yeux pour pleurer et ses factures à payer. Un exemple d'isolation aussi perfectible que criminelle est celle de la tour Grenfell à Londres[29]. À cause des isolants hautement inflammables qui avaient été mis en façade, les 24 étages ont flambé comme une torche causant plus de 70 morts.

En dépit d'aides fiscales et de subventions massives au secteur du bâtiment, la France n'arrive à rénover thermiquement chaque année que 1 % de son parc. L'impact quantitatif ne risque pas d'être pour demain. En revanche, « l'État a ajouté une bonne grosse couche de cette écologie punitive qui va transformer une déflation naturelle rapide en un fort probable krach immobilier majeur, et ce alors que tout le reste de l'économie dégage déjà cette odeur entêtante de vermoulu[30] ».

28. www.contrepoints.org/2023/03/22/452942-diagnostics-de-performances-energetiques-dpe-le-decret-absurde

29. www.lesechos.fr/industrie-services/immobilier-btp/apres-lincendie-de-la-tour-grenfell-le-royaume-uni-revoit-ses-regles-de-construction-240982

30. www.contrepoints.org/2023/03/01/451521-la-catastrophe-immobiliere-commence-a-prendre-forme

Utilité de décarboner les pays responsables de seulement un quart des émissions ?

En déplacement à Dunkerque le vendredi 4 février 2022 pour préciser un programme de financement afin de décarboner l'industrie, le Premier ministre s'y est « vertueusement » rendu en train. Mais, discours fait et une fois les journalistes égayés, il est rentré en avion pour un vol de quarante-deux minutes, ce qui a obligé son avion à faire un déplacement à vide pour venir le chercher[31]. Faites ce que je dis, pas ce que je fais, hypocrisie partagée au sommet de l'Union européenne par le président du Conseil européen[32].

Depuis l'adoption de la convention-cadre des Nations unies sur les « changements climatiques » à Rio de Janeiro en 1992 et durant les trente années qui ont suivi, les émissions ont augmenté de 59 % dans le monde, de 311 % en Chine, de 280 % en Inde, de 134 % dans les pays qui ne sont pas dans l'OCDE, magnifique illustration de la redoutable efficacité des beaux discours assortis d'accords internationaux, sans le moindre impact sur l'évolution du CO_2 atmosphérique, ici lissé des

31. www.mediapart.fr/journal/france/080222/jean-castex-une-passion-immoderee-pour-les-jets-de-la-republique
32. notrickszone.com/2023/04/25/europes-prince-of-private-jets-eu-council-president-charles-michels-700000-euros-for-flights

oscillations saisonnières, pas plus d'ailleurs que les confinements durant la pandémie qui avaient pourtant diminué les émissions dans des proportions significatives.

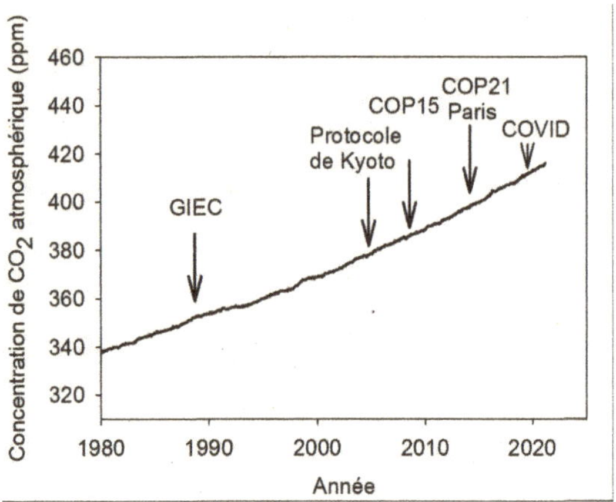

L'Union européenne en revanche a réduit ses émissions de 23 %. Mais arithmétiquement, à quoi servirait-il que les pays émetteurs responsables de seulement un quart à un tiers des émissions mondiales continuent à les réduire si dans le même temps ceux responsables des deux tiers ou des trois quarts continuent à les augmenter comme ils l'ont fait savoir, certes en langage diplomatique, lors de la COP26 ? Que les Occidentaux le fassent ou pas, les pays émergents continueront à utiliser les ressources fossiles tant qu'il y en aura d'accessibles à moindres frais, simplement parce qu'ils en ont désespérément besoin.

Par ailleurs, certains pays envisagent de « stocker » le CO_2. Le Danemark a annoncé un projet portant sur 8 *millions* de tonnes par an[33]. Rapportée aux plus de 3 300 *milliards* de tonnes présentes dans l'atmosphère, l'opération relèverait d'un coût phénoménal assorti d'un « impact » de seulement 2,4 millionièmes de degré.

Graves dégâts collatéraux pour l'environnement

Les énormes dommages environnementaux qui résulteraient de la mise en œuvre d'un « tout-électrique » pour remplacer les quelque 12 milliards de tonnes équivalent pétrole (tep) consommés annuellement devraient être sérieusement évalués avant de s'y lancer tête baissée[34]. Le nombre de jours qui en 2023 nous séparent de 2050 est d'à peine 10 000. Autrement dit, pour décarboner d'ici 2050 et sauf à instaurer une décroissance qui condamnerait trop de nos contemporains à la précarité et à la

33. www.lemonde.fr/planete/article/2023/03/08/climat-le-danemark-mise-sur-le-stockage-du-co2-pour-reduire-ses-emissions_6164699_3244.html

34. Pascal Richet, journaldeslibertes.fr/article/energie-et-co2-raison-emotion-ou-religion

misère, il faudrait remplacer *chaque jour* au moins un million de tep par une énergie décarbonée.

Soulignons qu'il n'y a aucune urgence énergétique car les seules réserves *connues* de ressources fossiles assurent de pouvoir continuer au rythme actuel pendant encore une centaine d'années. Il serait prudent d'arrêter de culpabiliser ceux dont c'est le métier d'en rechercher de nouvelles[35]. Oui, mais ils « savaient[36] » ! Entre avoir connaissance d'un phénomène physique et en évaluer l'ampleur mais pour conclure à une incertitude de 300 %, comme le confirmaient le rapport Charney en 1979 et les rapports suivants du Giec, il y a une marge. Réchauffer la Terre de 0,1 ou 0,2 °C d'ici 2050, augmentation qui pourrait être noyée dans la variabilité naturelle du climat, ne peut relever d'un « crime » qu'en Absurdie. Poussant plus loin la logique de l'incrimination abusive[37], est-ce le fabricant de la kalachnikov qui est traîné devant les tribunaux ou les meurtriers qui appuient sur la gâchette ? Dans une phase intermédiaire appelée à se prolonger durant des décennies, les combustibles fossiles resteront indispensables ne serait-ce que pour

35. www.lemonde.fr/planete/article/2023/02/23/bnp-paribas-premiere-banque-assignee-en-justice-pour-son-financement-des-energies-fossiles_6162941_3244.html

36. ecolobizz.fr/2023/02/05/exxonmobil-a-minimise-ses-decouvertes-sur-le-rechauffement-climatique

37. wattsupwiththat.com/2023/03/30/live-at-1pm-est-climate-paper-calls-for-homicide-charges-for-oil-companies-in-the-tank-391

commencer à pouvoir progressivement en modérer l'exploitation. Un désinvestissement dans ce secteur est prématuré et surtout irresponsable[38]. Rappelons à ce propos que la *recherche scientifique* sur le gaz de schiste, pas seulement son exploitation, est interdite en France. L'hypocrisie de l'acheter liquéfié en provenance des États-Unis est privilégiée…

L'énergie produite par 1 million de tep correspond *grosso modo* à celle d'un réacteur nucléaire ou à celle de 1 500 éoliennes de 2,5 mégawatts. Pour décarboner d'ici 2050, il faudrait donc à l'échelle mondiale construire un nouveau réacteur *chaque jour* ou 1 500 éoliennes *chaque jour*, éventuellement un mix des deux. Ce n'est imaginable qu'en Absurdie.

Indépendamment des retards considérables pris par les réacteurs actuellement en construction, concevoir un nouveau réacteur nucléaire chaque jour, autrement dit multiplier par 25 le nombre de centrales dans le monde, relèverait d'un superbe cadeau aux terroristes de toutes obédiences, y compris free-lance, par suite de la prolifération de matières fissiles. Les déchets radioactifs seraient aussi multipliés par 25, sauf à construire des réacteurs à neutrons rapides de quatrième génération.

38. www.contrepoints.org/2023/03/03/451673-carburants-prix-couts-et-benefices-pour-letat

Alors faudrait-il installer 1 500 éoliennes de 2,5 mégawatts *chaque jour* ? Avec un facteur de charge de seulement 20 à 25 %, imagine-t-on dans des pays comme l'Allemagne, qui ont banni le nucléaire, les quantités de gaz ou de charbon qui émettraient du CO_2 les jours sans vent ? Ce ne serait pas franchement « décarboner » selon l'objectif revendiqué.

À grande échelle et d'un point de vue strictement climatique, le remède ne serait-il pas pire que le mal si l'on invoque l'effet théorisé par Edward Lorenz selon lequel « le battement d'ailes d'un papillon au Brésil peut-il provoquer une tornade au Texas[39] » ? L'effet ne devrait pas manquer d'interpeller tout observateur sur les conséquences de la turbulence de sillage des éoliennes de 2,5 mégawatts qui affecterait la structure de la couche limite[40]. Un « réchauffement » non négligeable en serait la conséquence[41].

Pire, le passage au « tout-électrique » nécessiterait une exploitation minière assortie de fonderies ou autres transformations chimiques, toutes gravement consommatrices de ressources fossiles et émettrices à des échelles sans précédent. Car une évidence trop facilement oubliée est que d'importantes dépenses

39. Lorenz, E.N., 1993. Un battement d'ailes de papillon au Brésil peut-il déclencher une tornade au Texas ? *Alliage* **22**, 42-45.

40. www.economiematin.fr/eoliennes-et-climat-un-remede-pire-que-le-mal

41. Miller, L., Keith, D., 2018. keith.seas.harvard.edu/publications/climatic-impacts-wind-power

d'énergie, et les émissions de CO_2 qui en résultent, se trouvent derrière toute installation nouvelle. Elles s'en trouveraient ainsi démultipliées au-delà du raisonnable[42]. C'est tout particulièrement vrai des fabrications chinoises de panneaux photovoltaïques qui font appel à une énergie excessivement carbonée.

Les énergies qualifiées de « vertes » sont beaucoup plus gourmandes en matériaux que notre bouquet énergétique actuel. ***On ne ferait nullement dans la « sobriété »***, bien au contraire. Seraient ainsi nécessaires des dizaines de millions de tonnes de fer, de silicium de qualité électronique pour les panneaux photovoltaïques, de lithium, de cuivre, de manganèse, d'aluminium, de nickel, de chrome, de zinc, de cobalt, de platine, de terres rares comme le néodyme, de béton, et autres matériaux extraits – dans des conditions trop souvent dommageables pour la santé des mineurs et autres travailleurs – à partir de dizaines de milliards de tonnes de minerais, générant presque autant de déchets et une pollution afférente de l'air et de l'eau. Produire une tonne de lithium nécessite de l'ordre de deux millions de litres d'eau. Pour le coup, la Terre telle que nous la connaissons muterait gravement. Il est grand temps d'allumer des contre-feux intellectuels et politiques pour s'opposer non pas au désastre climatique, trop

42. cornwallalliance.org/2023/05/why-cant-renewables-power-modern-economies-physics

infime du point de vue anthropique pour justifier un terme aussi racoleur, mais au pillage annoncé des ressources minérales et ses graves conséquences environnementales[43].

Combien de milliers de milliards le coût du demi-degré de réchauffement évité ?

En s'attendant à pire, une prétendue urgence climatique a provoqué une vraie crise énergétique, particulièrement funeste pour les plus démunis. Trop calquée sur l'échec de l'*energiewende*, la transition énergétique allemande, l'Union européenne risque de payer fort cher l'erreur de son désarmement énergétique unilatéral. La France a vécu vingt années au cours desquelles notre filière d'excellence nucléaire a été progressivement décimée au prétexte que « pour sauver le climat », un 100 % intermittent devait finir par s'y substituer. Ce furent vingt années d'errements[44], une myopie face à la crise énergétique qui se profilait[45].

Pour décarboner une énergie qui au niveau mondial utilise pour 80 % les ressources fossiles, charbon,

43. www.cfact.org/2023/03/19/greens-refuse-to-discuss-recycling-renewables-and-restoring-mining-locations-to-pristine-condition
44. www.lexpress.fr/idees-et-debats/independance-energetique-ceux-qui-ont-mis-la-france-dans-le-fosse-par-sylvain-fort-KA647O3KDBEFJA7QUHXS4VY6HY
45. www.europe1.fr/societe/nous-avons-confie-le-destin-energetique-de-la-france-a-des-ignorants-estime-loik-le-floch-prigent-4169920

pétrole, gaz naturel, gaz de schiste, le reste se partageant en hydroélectricité, énergie nucléaire, énergies intermittentes, biomasse, géothermie, et autres, faudrait-il démanteler l'économie carbonée actuelle, progressivement optimisée au fil des décennies, pour reconstruire une économie décarbonée excessivement aléatoire ?

La somme de près de 100 000 milliards qu'il faudrait lever selon la Banque mondiale et les COP successives est proche de la dette souveraine mondiale. Elle représente à peu près le PIB mondial. La Banque mondiale incite ainsi à dépenser une centaine de milliers de milliards pour éviter 0,5 °C supplémentaire (1,5 °C, objectif de l'accord de Paris, minoré d'un réchauffement d'environ 1 °C, pour partie naturel, déjà intervenu) présenté de façon parfaitement absurde comme la catastrophe absolue[46]. D'autant que le prétendu « risque » s'appuie sur des mesures « homogénéisées » systématiquement à la hausse et des modèles de climat se contredisant les uns les autres[47]. Ne serait-ce pas payer un prix démentiel la fraction de degré ? Avec 14,5 °C en 2022, la température moyenne de la France a été à peu près celle de la moyenne mondiale. En hiver, cale-t-on son

---

46. www.lemonde.fr/planete/article/2022/10/27/le-monde-se-dirige-vers-un-rechauffement-catastrophique-de-2-5-c-a-la-fin-du-siecle_6147562_3244.html
47. Scafetta, N., 2022. CMIP6 GCM Ensemble Members versus Global Surface Temperatures. *Climate Dynamics*. doi.org/10.1007/s00382-022-06493-w www.thegwpf.org/content/uploads/2023/04/State-Climate-2022.pdf

thermostat sur 14,5 °C parce qu'une température supérieure serait proprement insupportable ? Selon diverses recherches, la température ambiante idéale se situerait entre 22 et 24 °C pour les hommes et entre 24,5 et 26 °C pour les femmes[48].

Qui s'aventurerait à prédire de façon crédible le climat dans un siècle ? Les prévisions effectuées depuis seulement une cinquantaine d'années et rappelées dans le chapitre « Ultracrépidarianisme » ne se sont pas franchement réalisées. Le coût élevé d'une décarbonation est aggravé par le fait qu'elle serait engagée bien plus tôt que le réchauffement estimé qui, s'il devait se poursuivre au rythme actuel de 0,4 °C depuis 1945, n'excéderait pas le demi-degré d'ici la fin du siècle. Il est absurde de prétendre que ce demi-degré aurait un impact réellement délétère sur l'économie mondiale[49]. En revanche, le trop vaste chantier d'une décarbonation prématurée, brouillonne et sans le recul nécessaire l'aurait très certainement[50]. Ajoutées au bénéfice de davantage de CO_2 pour la croissance des plantes nutritives, les technologies exploitant les combustibles fossiles ont

48. www.lemonde.fr/les-decodeurs/article/2023/01/17/inegaux-devant-le-thermostat-pourquoi-les-femmes-sont-plus-sensibles-au-froid-que-les-hommes_6158168_4355770.html
49. www.contrepoints.org/2023/03/25/453075-catastrophisme-climatique-les-previsions-du-rapport-stern-17-ans-apres
50. wattsupwiththat.com/2023/05/21/lord-frost-warns-hurtling-towards-net-zero-at-any-cost-will-be-a-mistake

augmenté les rendements agricoles, ce qui permet de nourrir 8 milliards de nos contemporains, soit environ dix fois plus qu'au début de la révolution industrielle au XIXᵉ siècle[51].

Une épreuve liberticide pour éviter à la France la responsabilité d'un millième de degré

Décarboner la France serait une épreuve, d'autant plus rude qu'elle serait rapide. Une énergie plus rare et plus chère est synonyme d'appauvrissement généralisé. Il suffit de constater les dégâts sur l'économie, en particulier pour les plus petites entreprises et les artisans, de l'envolée des prix du gaz et de l'électricité durant l'hiver 2022-2023, à cause des mauvais choix des politiques européennes trop calquées sur celles de l'Allemagne. Augmenter artificiellement le prix du carbone aura un impact économique et social considérable. Croissance, emploi, investissements, inflation, pouvoir d'achat, coût de la nourriture, niveau de vie seront gravement impactés, aggravant les inégalités.

Décarboner serait d'autant plus absurde que la France est non seulement bonne élève mais première de la classe comparée aux principaux pays

51. pjmedia.com/columns/gordontomb/2023/03/06/the-economic-case-for-net-zero-is-zero-n1676098

émetteurs[52] avec systématiquement de moindres émissions par point de PIB, indice représentatif de l'économie, *6,6 fois moindres que la Chine, moitié moindres que celles des États-Unis*, les deux principaux émetteurs. Comme le montre le tableau suivant, rapporté à leur PIB, l'Allemagne émet 50 % de CO_2 de plus que la France, le Japon 90 %, l'Inde 750 %, la Russie 850 %, l'Iran 2 000 %. Autrement dit, à PIB comparable, la France fait nettement moins appel aux émissions que les principaux émetteurs.

	Émissions en 2021 en millions de tonnes ($MtCO_2$)	PIB en 2021 (milliards de dollars)	Émissions/ PIB comparées à celles de la France
Chine	11 472	16 642	+ 560 %
États-Unis	5 007	22 675	+ 110 %
Inde	2 710	3 050	+ 750 %
Russie	1 756	1 779	+ 850 %
Japon	1 067	5 378	+ 90 %
Iran	749	360	+ 2 000 %
Allemagne	675	4 319	+ 50 %
France	306	2 938	0,104 $MtCO_2$/ milliard

52. www.globalcarbonatlas.org

Et il faudrait malgré tout se flageller ? La France est devenue une puissance pauvre[53]. Faudrait-il l'appauvrir davantage encore ?

Le raisonnement et l'analyse ont-ils à ce point déserté la France ? ***La décarboner d'ici 2050 éviterait un « réchauffement » de l'ordre du millième de degré évalué avec les propres chiffres du rapport AR6 du Giec.*** L'écart invraisemblable entre objectifs, cause prétendue des objectifs, en regard du montant pharaonique du devis, ne relève-t-il pas de ce qu'en langage certes peu châtié mais qui présente l'avantage de bien exprimer ce qu'il veut dire, on appelle du foutage de gueule ?

53. www.contrepoints.org/2023/02/09/450039-la-france-une-puissance-pauvre jacqueshenry.wordpress.com/2023/04/26/leconomie-de-la-france-en-perte-de-vitesse-et-vers-une-regression-violente

Quand la nature freine le réchauffement climatique

Exemple de titraille d'un journaliste sous le microscope de Centre-Sciences[1]

Ce titre d'un article du *Monde*[2], euphémisme savoureux pour prendre acte du fait que la Terre ne se réchauffe plus mais présente plutôt la tendance inverse, ne manque pas d'interpeller dans un contexte où les émissions anthropogéniques de dioxyde de carbone sont quotidiennement dénoncées, et taxées…

Les 3 000 balises Argos immergées dans tous les océans de la planète, opérationnelles depuis 2002, les laboratoires spécialisés dans la mesure de la tem-

1. Éditorial du numéro 69 daté *automne 2008* de la revue *Covalences*, bulletin de Centre. Sciences, Centre de diffusion de la culture scientifique, technique et industrielle en région Centre-Val de Loire.
2. www.lemonde.fr/planete/article/2008/08/27/quand-la-nature-freine-le-rechauffement-climatique_1088464_3244.html

pérature de la Terre, les mesures de température de la troposphère par satellite, tous concluent à une stagnation, voire une légère diminution, de la température de la planète depuis le pic de 1998. Les sites internet de laboratoires spécialisés, dispersés aux quatre coins du monde, publient les mesures en temps réel, permettant à chacun de vérifier et de suivre l'évolution. Parallèlement, le niveau des océans, qui était monté d'une vingtaine de centimètres au cours du XXe siècle, semble se stabiliser et avec lui le taux de méthane qui, lui, avait doublé. L'évolution de l'albédo de la Terre – fraction du rayonnement solaire renvoyé vers l'espace par suite principalement de diffusion par les nuages, la neige et les glaces –, mesuré à partir de l'éclairement de la partie sombre de la Lune, apparaît cohérente avec le réchauffement de la planète antérieur à 1998. Jusqu'alors, l'albédo diminuait en effet, favorisant l'échauffement. Depuis, les mesures du programme Earthshine montrent que l'albédo augmente, de façon cohérente avec la tendance inverse pour la température... Lorsque la Terre s'échauffe, c'est l'effet de serre des émissions anthropiques de dioxyde de carbone qui est seul incriminé, mais lorsque la température tend à décroître, le message change, ce seraient les facéties de « Dame Nature ». L'honnêteté scientifique ne commande-t-elle pas de faire passer les faits avérés avant toute autre considération, y compris celle de provoquer un choc salutaire sur une base alarmiste apte à aider nos concitoyens à prendre de meilleures habitudes en matière d'économies d'énergie et de développement durable ?

Ultracrépidarianisme

Contrastes entre l'écriture journalistique et celle du scientifique – quelques conséquences

Ne sutor supra crepidam judicaret. « Que le cordonnier ne juge pas au-dessus de la chaussure », version latine traduite en classe. L'écriture d'un article scientifique obéit-elle aux mêmes règles que celle d'un article journalistique ? Par une titraille conjuguant titre, surtitre, sous-titre et chapeau, le journaliste indique l'essentiel pour séduire le lecteur et l'inciter à lire la suite. Il tente de le retenir et de relancer l'intérêt par des intertitres. Il a choisi un angle. Il veillera à la chute.

Notons au passage que trop de titres d'articles journalistiques commencent par « Plus de... », ne permettant pas toujours en première lecture de comprendre s'il s'agit de « Davantage de... » en faisant sonner le « s » de « Plus », ou en gardant le « s » muet, risquant un contresens.

Le chercheur rédigeant un article scientifique obéit-il aux mêmes motivations, aux mêmes ressorts, aux mêmes règles ? L'*introduction* d'un manuscrit scientifique a pour but de situer le travail dans le contexte de l'état de l'art publié sur le sujet. Les auteurs ont tout intérêt à en montrer la meilleure connaissance. Ils veilleront à citer les travaux des *referees*[1] potentiels qui sinon pourraient s'en offusquer. La démonstration du scientifique s'achemine vers une *conclusion*, point d'orgue de l'article. Ses principaux points alimenteront l'écriture du *résumé* sans nécessairement déflorer toutes les conclusions si l'auteur cherche à entretenir un certain suspense.

Le journaliste reste principalement motivé par l'événementiel, l'actualité immédiate, moins souvent par la chronique. Le chercheur produit de la connaissance, théorique ou expérimentale, combinant éventuellement les deux aspects. Avec les coauteurs, il a sa part de création dans les méthodes, les idées, les données, les résultats, les démonstrations qu'il va publier. En outre, il passera en moyenne autant de

1. Membres du comité de lecture, habituellement anonymes, sollicités pour préciser à l'éditeur les éventuels points perfectibles du manuscrit.

temps à l'expérimentation et/ou à la construction d'une théorie qu'à lire ce qui a été écrit sur le sujet par ses collègues, le plus souvent étrangers. Car la science se targue de ne publier que de nouveaux apports à la connaissance qui se doivent de présenter une part suffisante d'originalité ; temps passé à chercher et en l'occurrence à trouver puisqu'il y a justement matière à publier. Cette réalité s'inscrit résolument en faux contre la méchante saillie attribuée au général de Gaulle, clairement contredite par les longues listes de publications et de brevets : « Des chercheurs qui cherchent, on en trouve ; des chercheurs qui trouvent, on en cherche. »

L'utilité pour un scientifique de coucher ses idées au clair et ses projets dans un document est un des avantages de la rédaction de l'habilitation à diriger les recherches que l'on ne saurait trop encourager. Parallèlement, même si l'évaluation reste indispensable, l'Agence d'évaluation de la recherche et de l'enseignement supérieur rebaptisée Haut Conseil de l'évaluation de la recherche et de l'enseignement supérieur – emphase des termes, quand tu nous tiens – a allongé le temps que passent les scientifiques à écrire projets sur projets et rapports sur rapports. L'Agence nationale de la recherche en a démultiplié l'écriture alors que pas même un sur dix projets « blancs » aura quelque chance d'être élu et financé à un niveau souvent moindre que celui demandé et pourtant justifié. Que de temps passé, y compris par les rapporteurs, certes pas forcément perdu si le projet est financé, mais la probabilité en reste trop faible. Si la comptabilité financière du temps passé sur l'écriture de dix projets non élus ne contrebalance pas le financement du seul projet élu, quel est alors en termes de finances publiques l'avantage d'une telle procédure et de sa lourdeur ?

Les médias se copient abondamment les uns les autres quand ils ne se contentent pas de dupliquer, au mieux de délayer, une dépêche de l'Agence France Presse ou de Reuters, agences qui se prévalent du pouvoir exorbitant de décréter ce qui relève ou non de « l'information », proscrivant par là même le médiatiquement incorrect rebaptisé « fake news » selon la mode actuelle. Les journaux télévisés ou radiodiffusés puisent largement dans la presse écrite. Elle-même se nourrit des « petites phrases » glanées par les confrères qui tendent les micros. L'exclusivité de l'information reste l'exception. La principale motivation, vigoureusement rappelée par le rédacteur en chef, est la vente et l'audience, pas nécessairement l'information, encore moins l'originalité. Le scientifique n'a pas cette nécessité car la publication de ses résultats n'est pas rétribuée. Elle est au contraire facturée à son laboratoire par les revues *Open Access*.

Je n'en ai pas cru mes oreilles lorsque j'ai entendu sur Franceinfo qu'un astéroïde de 4 km de diamètre a « frôlé » la Terre le 1er septembre 2017. J'ai vérifié et cela m'a permis de mesurer la velléité de la presse de dramatiser les faits à outrance, contre toute véracité. Car l'astéroïde est en fait passé à sept millions de kilomètres, soit 600 fois le diamètre de notre planète... Toutes proportions gardées, est-ce que l'on « frôle » quelqu'un qui passe à six cents mètres de vous ? La « distanciation » n'est-elle pas respectée ?

Propagande climatique organisée à l'échelle mondiale

Comme pour la confusion entre thermomètre et baromètre, entre météo et climat, entretenue à l'envi, l'effet de copie, de plagiat, entre médias, sans réelles investigations, alimente une bulle, une désinformation qui enfle et finit par tourner en boucle[2]. Et pour cause, elle est au moins pour partie alimentée par l'organisation Covering Climate Now[3], qui offre aux journalistes des articles préécrits, des recettes les incitant et les aidant à cultiver l'amalgame entre évè-

2. belgotopia.com/2022/08/18/les-epouvantables-consequences-du-changement-climatique-9
3. notalotofpeopleknowthat.wordpress.com/2023/01/26/meet-the-organisation-behind-the-medias-climate-hysteria

nements météorologiques extrêmes et changement climatique. Dans la même veine, il y a aussi Earth Journalism Network. La description qui en est faite documente les financeurs, les soutiens.

La désinformation peut prendre des proportions stupéfiantes. Nulle étude scientifique n'a démontré une quelconque relation de cause à effet entre émissions de CO_2 et inondations puisque ces dernières dépendent de la direction des vents. Avec la même concentration de CO_2 dans l'air, minime, une multitude de « climats » locaux différents sont possibles sans que la modélisation soit capable de trancher pour prévoir lequel sera le climat réel[4]. C'est le lot de tout système chaotique présentant une extrême sensibilité aux conditions initiales. À rebours d'une propagande visant à imputer au « dérèglement climatique » tout record local, y compris de froid, une diminution des évènements météorologiques extrêmes serait au contraire attendue dans un monde plus chaud car la différence de température entre les pôles et les tropiques, qui est une de leurs causes principales, deviendrait moindre[5].

4. www2.ucar.edu/atmosnews/perspective/123108/40-earths-ncars-large-ensemble-reveals-staggering-climate-variability
5. Lindzen, R., 2019. *Le Spectacle du monde* n° 319.

Incriminer le « climat » dans la tectonique des plaques et ses avatars, séismes et tsunamis, est absurde. C'est d'autant plus affligeant dans la bouche d'un président de la République française s'exprimant à la tribune des Nations unies le 8 octobre 2015. Le silence médiatique assourdissant qui a suivi cette déclaration est non seulement navrant mais surtout inquiétant.

Prétendre une culpabilité du CO_2 atmosphérique est tout bonnement méprisable s'agissant de maladies, conflits armés, migrants... Ces plaies ne sont pas nouvelles. Mais certains médias n'en ont cure. Il n'y aurait aucune exclusivité à relater le caractère malheureusement récurrent des maux qui frappent l'humanité depuis des temps immémoriaux. Il est plus vendeur de jeter en pâture un bouc émissaire plutôt que d'analyser sérieusement l'historique et les mécanismes des déchaînements aveugles de la nature.

Il y a encore quelques décennies, la presse était pluraliste. Aujourd'hui, sur le thème climato-catastrophiste, le discours reste le même dans presque tous les médias. Le plus choquant et le plus démoralisant est l'absence de réelle investigation. Ce n'est pourtant pas la matière sur laquelle enquêter qui manque *via* plus de 4 000 articles publiés dans des revues internationales à comité de lecture[6]. Mais les médias semblent trouver plus confortable de s'en tenir au prétendu « consensus » relayé par les dépêches de l'AFP et de Reuters[7], adhérents de Covering Climate Now. Peut-être aussi craignent-ils les retours de bâton d'un pouvoir et de « philanthropes[8] » qui pourraient cesser un subventionnement vital pour leur survie. Certains journalistes reçoivent même des gratifications personnelles pour faire la promotion de l'alarmisme climatique[9].

6. www.populartechnology.net/2009/10/peer-reviewed-papers-supporting.html
notrickszone.com/250-skeptic-papers-from-2015
notrickszone.com/2017/01/02/crumbling-consensus-500-scientific-papers-published-in-2016-support-a-skeptical-position-on-climate-alarm
notrickszone.com/2018/01/04/485-scientific-papers-published-in-2017-support-a-skeptical-position-on-climate-alarm
notrickszone.com/2019/01/03/consensus-500-scientific-papers-published-in-2018-support-a-skeptical-position-on-climate-alarm
notrickszone.com/2020/01/30/over-440-scientific-papers-published-in-2019-support-a-skeptical-position-on-climate-alarm
notrickszone.com/2021/01/29/over-400-scientific-papers-published-in-2020-support-a-skeptical-position-on-climate-alarm
notrickszone.com/skeptic-papers-2021-1
notrickszone.com/skeptic-papers-2021-2

7. dailysceptic.org/2023/02/23/when-i-covered-climate-change-for-reuters-i-thought-co2-was-to-blame-for-rising-temperatures-i-was-wrong

8. www.frontpagemag.com/how-green-investors-pay-the-media-to-promote-climate-change

9. wattsupwiththat.com/2023/02/14/journalist-receives-100000-from-bank-for-promoting-climate-alarmism

Émergence des « décodeurs » autoproclamés

Le comité d'éthique du CNRS avait été saisi par son directeur général sur la controverse scientifique concernant l'origine anthropique du changement climatique. Dans son relevé de conclusions, le rapport du comité d'éthique soulignait que la controverse scientifique est née de ce qu'*aucun argument expérimental décisif en faveur des modèles prédisant un réchauffement catastrophique* n'a pu être mis en évidence [...] « Quand les enjeux sociétaux sont importants, et donc les relations avec les médias critiques, il est important que l'information sur les recherches en cours soit faite avec réalisme et respecte les positions contradictoires. » Le rapport ajoute à propos des relais médiatiques de la controverse : « À l'intérieur des rédactions des organes de presse, l'arbitrage se fait de plus en plus au profit de la polémique au détriment de l'analyse, vers l'information choc au détriment du suivi d'un dossier », et « Les médias ne devraient pas se référer de façon outrancière à la position institutionnelle : le prestige des institutions, pour réel et fondé qu'il soit, ne peut être un argument déterminant dans une discussion de nature scientifique ». Ne cherchez pas ce rapport, il a étrangement disparu des radars.

S'autoproclamant « décodeurs », certains médias s'inquiètent de l'émergence de revues scientifiques qu'ils condamnent comme « prédatrices ». N'exagérons rien. Les articles qui y sont publiés ne peuvent servir qu'à allonger plus ou moins artificiellement un CV un peu maigrichon. Mais nul n'est dupe dans la communauté scientifique. Ils ne seront probablement pas lus pour la plupart, encore moins cités. La prolifération de revues *Open Access* éditées en Inde, en Turquie ou en Chine est une réalité liée à un vrai marketing. Mais quel chercheur s'aventurerait à publier dans une revue dont le facteur d'impact est trop faible dans la discipline considérée ? L'absence d'investigation des médias renforce en revanche le risque de faire une publicité prématurée à un article au ton catastrophiste publié dans une revue ayant pignon sur rue, étude qui sera rétractée par la suite, comme l'exemple de la Covid-19 dans le *Lancet* l'a illustré[10]. En revanche et par essence même, les travaux prenant leurs distances vis-à-vis du catastrophisme ne relèvent nullement du sensationnel. Ils ont donc peu de chances d'être relayés par les médias qui préfèrent de loin l'audience et les ventes attachées à l'alarmisme. Toutefois, dans l'exemple des sciences du climat, faire la promotion d'une étude questionnée, voire contredite par plus

10. www.lemonde.fr/sciences/article/2020/06/04/hydroxychloroquine-trois-auteurs-de-l-etude-du-lancet-se-retractent_6041803_1650684.html

de 4 000 autres, relève-t-il de la définition correcte de l'information ?

Les prophéties médiatiques en matière de climat se réalisent-elles ?

Le numéro 633 de juin 1970 de *Science & Vie* annonçait à la une « Plus de vie dans 50 ans ». 1970 + 50 ans = 2020, c'est le passé récent, aisé à vérifier. « La température de l'atmosphère s'élèvera de 9° durant le prochain demi-siècle et le niveau des eaux de 3 mètres. » À la même époque, dans *The Cooling*, Lowell Ponte écrivait : « Ce refroidissement a déjà tué des centaines de milliers de personnes. S'il continue, et qu'aucune action vigoureuse n'est entreprise, il va causer une famine mondiale, un chaos mondial, une guerre mondiale et tout ceci pourrait arriver avant l'an 2000. » Le 9 juillet 1971, le *Washington Post* écrivait : « Dans les cinquante prochaines années, la poussière (comprenez les aérosols) émise dans l'atmosphère par combustion des ressources fossiles va tellement voiler la lumière solaire que la température de la Terre va chuter de 6°. Cinq à dix années d'émissions pourraient être suffisantes pour déclencher un âge glaciaire. » À rebours de ce que publiait *Science & Vie*, mais à l'instar de *The Cooling* ou du *Washington Post*, *Nature* la même année annonçait un refroidissement catastrophique.

Il est aussi hilarant qu'important de souligner que les deux prophéties contradictoires incriminaient chacune la combustion de ressources fossiles.

Laquelle des deux apocalypses s'est vérifiée ? À l'instar de maintes autres prédictions catastrophistes[11], aucune des deux. L'atmosphère qui effectivement se refroidissait en 1970 n'a pas continué à se refroidir. Désavouant *Nature* et les autres, elle s'est au contraire légèrement réchauffée, mais excessivement loin des craintes de *Science & Vie*. Les marégraphes indiquent effectivement une hausse du niveau des océans, mais pas de 3 m, de quelques centimètres. Guère plus de 1 mm par an, moyenne mondiale de 2 133 marégraphes[12], est confirmé depuis 1800 par les marégraphes de Brest ou de Marseille par exemple.

Le scientifique face au médiatiquement correct

Maurice Tubiana était membre à la fois de l'Académie des sciences et de l'Académie de médecine dont il est ancien président. Il était professeur de cancérologie et directeur de l'institut Gustave-Roussy

11. cei.org/blog/wrong-again-50-years-of-failed-eco-pocalyptic-predictions
12. Parker, A., Ollier, C.D., 2017. Short-Term Tide Gauge Records from One Location are Inadequate to Infer Global Sea-Level Acceleration. *Earth Syst Environ* **1**, 17.

à Villejuif. Il écrivait[13] : « La démarche scientifique demande du courage, car elle refuse le conformisme, les idées reçues et le politiquement correct. Ce faisant, elle suscite toujours, comme le soulignait déjà le mythe de Prométhée, des réactions hostiles ; la science permet la lucidité. La lucidité conduit au courage, et le courage à l'action, à condition qu'il existe une information objective et qu'on lutte contre la désinformation. » L'émotion, surtout chez certains jeunes plus faciles à endoctriner, prend de plus en plus le pas sur la réflexion, facilitant la désinformation, n'en déplaise aux « décodeurs » autoproclamés.

La technique rhétorique *peur, incertitude et doute*, initialement appliquée en marketing pour décourager les clients d'acheter chez le concurrent, a progressivement imprégné le discours politique et médiatique. S'adressant à un public non spécialiste, plus influençable, le discours sera d'autant plus efficace que le sujet est vaste et complexe. Hypothèses sans fondement et abus trop systématique du conditionnel, souvent « oublié » dans la phrase suivante, en constituent les ressorts. ***Possible*** ne signifie pas ***probable***, encore moins ***certain***. Le principe de précaution devient trop souvent un principe de suspicion. ***L'inquiétude suscitée par le risque éventuel***

13. Tubiana, M., 2010. *La Science au cœur de nos vies*, éd. Odile Jacob.

prend le pas sur le risque lui-même. Quel marché florissant pour les marchands de peur et leurs relais médiatiques ! Un verbiage pseudoscientifique construit à des fins politiques ou mercantiles et visant à l'asservissement des plus crédules doit plus que jamais être dénoncé[14].

Serions-nous les prolétaires d'un monde insupportablement dégradé ? Reconnaissons pourtant que durant les cent dernières années, l'espérance de vie et le niveau de vie ont progressé. De puissantes Organisations non gouvernementales jouissent d'un statut quasi gouvernemental comme leur influence sur l'ONU, instigatrice et organisatrice des COP, l'a montré. Le scientifique qui ose les contrarier est la cible d'attaques *ad personam* visant à le disqualifier, voire l'accuser de « négationnisme », accusation pour le moins curieuse s'agissant d'un éventuel avenir lointain et non de faits historiques.

Comme la réponse à ce néosoviétisme est étouffée, ce prétexte semble suffire à nourrir un nouveau Komintern, maître de l'agenda politique avec la complicité pour sa propagande de médias aux méthodes calquées sur la *Pravda* de la grande époque. Le stakhanovisme climatique a fonctionné au-delà de

---

14. De Kervasdoué, J., Les Prêcheurs de l'apocalypse : pour en finir avec les délires écologiques et sanitaires, éd. Plon (2007) – Ils ont perdu la raison, éd. Robert Laffont (2014) – Tubiana, M., Arrêtons d'avoir peur, éd. Michel Laffon (2012) – Catier, P., Un climat de folie, éd. Sydney Laurent (2022).

toutes espérances. Collectivistes et planificateurs d'un prétendu bonheur au prix de la liberté individuelle sont soutenus par officines, agences et bureaucraties qui trouvent souvent là raisons d'exister et de perdurer. La relation incestueuse avec les Gouvernements a conduit à des conclusions biaisées que même le Giec n'a pourtant pu complètement cacher. Dans l'exemple de la prétendue urgence climatique et de sa cause carbonée, la seule pièce à conviction recevable n'est pourtant qu'un réchauffement de 0,4 °C depuis 1945, début de l'accélération des émissions de CO_2. De quoi qualifier une menace existentielle ?

Les centaines de commentaires insultants en réponse à la tribune de Marc Fontecave, professeur au Collège de France[15], auteur de 389 travaux publiés cités 35 217 fois[16], dénonçant à juste titre dans *Le Monde* le recours en justice intenté contre l'État français accusé d'inaction face au changement climatique en sont un exemple saisissant[17]. En réalité des sommes folles sont dépensées. Dans le budget 2023, les dépenses sur ce chapitre ont augmenté de 13 % par rapport à 2022, au niveau de 33,9 milliards d'euros, une broutille sans doute… La somme est nettement supérieure au déficit prévisionnel des

15. Fontecave, M., *Halte au catastrophisme*, éd. Flammarion (2020).
16. research.com/scientists-rankings/chemistry/fr
17. www.lemonde.fr/idees/article/2018/12/29/petition-l-affaire-du-siecle-attaquer-la-france-en-justice-est-a-la-fois-injuste-idiot-et-inoperant_5403389_3232.html

régimes de retraite[18]. Et cela serait pire encore si les recommandations du rapport Pisani-Ferry/Mahfouz du 22 mai 2023, qui en fixe le montant à 67 milliards par an, étaient suivies d'effet.

« J'ai été effrayé par les attitudes des militants, des ONG, des hommes politiques et des médias vis-à-vis de scientifiques internationaux qui constataient, preuves à l'appui, la surévaluation de l'influence du CO_2 anthropique et proposaient un schéma d'évolution du climat plus conforme à la réalité. Ils ont été exclus comme "climato-sceptiques" de la communauté, sans procès, excommuniés, poursuivis et caricaturés par la presse de façon indigne. Cette façon de mettre au ban d'éminents collègues pour cause de différence d'interprétation rappelle les pires moments de notre histoire : l'Inquisition au XVIe siècle en Europe, la liquidation des médecins en Russie lors du stalinisme, la chasse aux libéraux d'Hollywood lors du maccarthysme[19]. » Ce texte est signé de Jean-Claude Bernier, professeur émérite à l'université de Strasbourg et ancien directeur de l'Institut des sciences chimiques du CNRS. Il ajoute : « Trop de climatologues ont abandonné toute prétention à la neutralité et à l'objectivité.

18. www.letelegramme.fr/dossiers/tout-comprendre-de-la-reforme-des-retraites/le-systeme-de-financement-des-retraites-est-il-en-deficit-voici-ce-qu-en-dit-vraiment-le-cor-05-01-2023-13252975.php

19. www.lactualitechimique.org/COP21-le-doute-scientifique-est-il-encore-possible

L'establishment scientifique qui se trouve derrière la question du réchauffement climatique s'est laissé entraîner dans le piège qui consiste à gravement minimiser les incertitudes. »

Jean-Claude Bernier a publié un dialogue imaginaire intitulé « Histoire belge » dans *L'Actualité chimique*. C'était sans compter les censeurs de tout poil et les indignés professionnels de la question climatique. Face à la meute, *L'Actualité chimique* a retiré la tribune de son site internet. Vingt-cinq membres de l'Académie des sciences ont alors signé un texte dénonçant cette censure[20]. La chronique de Jean-Claude Bernier a été remise en ligne.

Le débat interdit par des médias payés par nos impôts

« La science comme la démocratie doivent pouvoir s'exercer dans la contradiction et la liberté d'expression[21]. » À rebours d'une telle liberté, Radio France a déclaré aussi officiellement qu'effrontément[22] « sortir du champ du débat la crise climatique, son existence comme son origine humaine ». De nou-

20. www.lactualitechimique.org/IMG/pdf/courrier1.pdf
21. www.bvoltaire.fr/satire-a-vue-quand-les-magazines-denoncent-un-complotisme-galopant
22. www.radiofrance.com/le-tournant

velles « chartes » pointent vers une dérive militante que s'imposent des titulaires de carte de presse ou que leur imposent les rédactions[23]. Franceinfo est allé jusqu'à agresser un présentateur de la météo à sept jours qui exerce son métier depuis vingt-deux ans pour ne pas avoir suffisamment fait au goût de la chaîne publique l'amalgame avec le « réchauffement climatique[24] ». L'opérateur payé par nos impôts sort du cadre de l'information qui devrait rester le sien pour verser dans l'inquisition.

23. www.contrepoints.org/2023/02/15/450585-ou-va-le-journalisme-la-predication-de-l-urgence-climatique
24. www.climato-realistes.fr/communique-pour-la-defense-de-regis-crepet

Seconde partie
Revenir à la raison

Avant de risquer de se laisser emporter par le maelström d'une transition vers l'absurde, sans doute n'est-il pas inutile de revenir sur la rationalité qui a primé et continue à prévaloir dans le développement de la science. La prédictibilité de la physique tranche avec les graves incertitudes qui subsistent dans la sous-discipline de la modélisation climatique, du moins celle reprise par le Giec, qui serait inspirée de conclure qu'à rebours d'un dogmatisme triomphant, elle reste en réalité incapable de conclure de façon convaincante. La spectrométrie infrarouge est incontournable pour quantifier à rebours des incertitudes de la modélisation climatique, le rôle des gaz dits « à effet de serre » dans l'atmosphère. Les spectres infrarouges du méthane et du protoxyde d'azote en particulier s'inscrivent en faux contre l'allégation trompeuse de « puissants gaz à effet de serre », les brimades des agriculteurs et éleveurs qui en découlent et autres interdictions ou limitations de consommation de viande rouge. Les bases physiques de l'énergie nucléaire, obtenue tant par fission que par fusion, dans ses composantes à la fois militaires en tant qu'armes de destruction massive et civiles pour la production d'énergie électrique, sont rappelées. Les derniers chapitres se penchent sur des chiffres vertigineux : aspects financiers, pressions sur les investisseurs, « écoblanchiment » que les critères « environnementaux, sociaux et de bonne gouvernance », qui visent à bannir les ressources fossiles, incitent plus ou moins à appliquer, rôle de la transition énergétique et de la décarbonation dans le creusement de la dette publique, déficits budgétaires, impacts actuels et amplifiés dans un futur proche sur le difficile quotidien des plus démunis de nos concitoyens. Certaines thématiques scientifiques ne sauraient être exonérées d'un rôle éthiquement critiquable d'amplificatrices de peurs et d'angoisses pas toujours fondées, du moins exagérées. Au contraire d'une intolérance bâtie sur du sable, le doute, le scepticisme et l'esprit critique orienté vers le constructif devraient rester l'apanage du scientifique.

Le mythe de Gaïa

Genèse de la Terre bien avant tout soutien attentionné de l'écologisme politique

Faute de données stratigraphiques sur lesquelles sont basées les précédentes ères géologiques, les débats mâtinés de narcissisme sur la datation du prétendu « Anthropocène » ne manquent pas de saveur. Faut-il voir le début de cette ère :

• lors de l'érection des pyramides en Égypte ;

• lors de la découverte que la Terre n'était pas au centre de l'univers ;

• lors de l'invention de la machine à vapeur qui, produisant de l'énergie mécanique par combustion du charbon, a commencé à soulager le dur labeur humain, ***à tel point que la machine s'avérant moins coûteuse à « nourrir », l'esclavage a enfin pu être aboli du moins au niveau des États*** ;

- lors de la découverte de la pénicilline ;
- lors de l'explosion de la première bombe nucléaire ?

La peur reste un formidable instrument de pouvoir. Vu le machiavélisme frénétique avec lequel certains tentent de nous l'instiller quotidiennement, ce serait plutôt « l'Anxiocène » qui semblerait le mieux décrire notre ère s'il fallait lui donner un nom.

Quelle est la genèse de la formation d'une infinitésimale portion de l'univers, la Terre ?

Il était une fois une énorme étoile, beaucoup plus massive que notre soleil. Dans cet enfer torride, les noyaux d'hydrogène, des protons, dansaient et fusionnaient dans une chorégraphie de danse carrée. Des noyaux d'hélium se formaient par myriades. Dans le cœur de l'étoile, pression et température défiaient l'imagination. Trois noyaux d'hélium fusionnaient à leur tour pour former un noyau de carbone, quatre pour se transmuter en un noyau d'oxygène. Avec trois noyaux d'hélium supplémentaires se crée le silicium. Le fer, formé de l'équivalent de quatorze noyaux d'hélium, se flatte d'un gros succès cosmologique.

L'étoile eut la fin de vie de tous les objets excessivement massifs. Elle devint supernova. Son explosion monstrueuse, titanesque, cataclysmique, projeta dans un vaste espace tous les noyaux susceptibles de s'agglomérer pour former des planètes. Cette gigantesque déflagration n'a toutefois concerné qu'une infime portion de notre galaxie. Les interactions entre quarks et leptons avaient formé les particules élémentaires stables, les protons et les électrons, ainsi que les instables neutrons qui se sont empressés pour survivre de s'associer aux protons au sein des noyaux d'atomes. Les lois de l'attraction mutuelle des charges électriques de signe contraire et celles de l'électromagnétisme firent valoir leurs droits. Dans le vide et le silence de l'espace intersidéral, électrons et noyaux s'assemblèrent pour former des atomes selon les lois inabrogeables de la mécanique quantique. La liaison chimique commença son grand œuvre. Les atomes s'agglomérèrent. Ils formèrent progressivement des métaux, des roches, des molécules, l'eau en particulier.

La planète Terre se construisit par condensation gravitationnelle de ces débris. La première phase de ce processus s'est terminée il y a quelque cinq milliards d'années. Dans la phase de condensation, à mesure qu'il grossissait, le cœur de la planète devenait plus chaud. Car les éléments radioactifs, même très dilués, constituent, par leur addition et la longue durée de demi-vie de certains comme l'uranium 238, une gigantesque source de chaleur qui, par défaut de conductivité thermique suffisante de la croûte terrestre, peine à s'échapper. Dans le cœur de la Terre actuelle, leur puissance atteint la cinquantaine de milliards de kilowatts. La radioactivité des noyaux lourds réchauffe ainsi le cœur de la planète à une température de plusieurs milliers de degrés. Cette énergie est en principe exploitable en géothermie profonde. Utiliser cette chaleur pour alimenter une turbine supposerait toutefois de forer à une profondeur de trois kilomètres mais la maintenance d'une telle installation risquerait d'être compliquée. En revanche, inutile de forer dans les régions volcaniques où la chaleur peut affleurer et se renouveler.

Un mouvement d'horlogerie minutieux finit par se régler avec pour partenaires le Soleil, la Lune et les autres planètes. La Terre et la Lune tournent chacune sur elles-mêmes. Mais pourquoi la Lune nous présente-t-elle toujours la même face ? L'attraction entre Terre et Lune a progressivement conduit à leur rotation synchrone, résultat d'une longue attraction mutuelle, origine des marées océaniques, mais aussi d'une très lente déformation géologique de notre satellite aboutissant à leur synchronisation.

Magma et eau se disputèrent pour finir par se partager de façon pas du tout équitable la surface de la planète. Il y a près de trois milliards d'années, la Terre était presque complètement recouverte d'eau, de glace. Les continents émergèrent alors.

L'activité volcanique, de sous-marine, devint partiellement aérienne et émit des gaz riches en soufre. Jusqu'alors, le fer dissous dans les océans empêchait l'oxygène produit par les cyanobactéries d'enrichir l'atmosphère. Grâce au soufre émis par l'activité volcanique, le fer se trouva alors fixé en sulfure de fer et commença à se sédimenter au fond des océans. La voie de la grande oxydation était ouverte.

En ces temps reculés, ***l'atmosphère de la Terre a pu être composée de dix à vingt fois plus de dioxyde de carbone qu'aujourd'hui***, faute de quoi certains carbonates solides qui subsistent aujourd'hui n'auraient pu se former. Grâce à des proportions de ce gaz beaucoup plus élevées qu'aujourd'hui, la végétation a été luxuriante dans des régions comme l'Arabie ou le Sahara, aujourd'hui devenues désertiques. La photosynthèse intense, gavée de carbone, a ainsi progressivement transformé le gaz carbonique en oxygène. Une petite proportion de cette énorme masse de végétation a été enfouie. Les résidus constituent aujourd'hui les gisements de ressources fossiles, exploités en particulier en Arabie et au Sahara. Sans ces proportions phénoménales de gaz carbonique, la chaîne de la vie végétale n'aurait pu prospérer. ***Le taux de gaz carbonique dans l'atmosphère est devenu très faible aujourd'hui. À force de contribuer à fournir notre atmosphère en oxygène, il s'y est presque épuisé. La végétation n'a plus la***

luxuriance, la profusion, l'abondance des temps passés. La nature s'en trouve brimée.

Dans cette genèse, dans ces processus d'agglomération de protons et de neutrons à des températures dantesques, de liaisons entre atomes pour former métaux, roches et molécules, faut-il être pénétré d'un anthropomorphisme narcissique pour évoquer un anthropocène. Faut-il être sous influence d'un néo-druidisme pour discerner la figure d'une… mère, Gaïa pour ne pas la nommer. À l'inverse de la mère qui aime ses enfants, la nature est la personnification de la victoire du fort sur le faible. Elle incarne la compétition impitoyable pour la survie[1]. Face à une nature hostile, de chasseur-cueilleur, l'être humain a utilisé son intelligence pour devenir éleveur-cultivateur. Intelligence qui devrait lui être reprochée aujourd'hui ?

À partir de quand dater une telle incarnation de la Terre Mère ? Lorsqu'il n'y avait que de l'énergie dans le vide quantique et pas encore de matière ? Lorsque les quarks ont formé les hadrons ? Lorsqu'électrons et hadrons ont formé les atomes ? Lorsque les atomes ont formé des roches, des métaux, des molécules ? Au-delà d'une certaine taille de roche ? Au-delà d'une certaine masse ? Lorsque la vie apparut sur

1. Lévêque, C., Le Double Visage de la biodiversité : la nature n'est pas un jardin d'Éden, éd. L'Artilleur (2023).

Terre ? Quelle forme de vie ? Bactérienne ? Végétale ? Animale ? Humaine ? Le processus est continu et se poursuit.

Le prosélytisme de la mouvance prônant la décroissance, antiscience, antitechnologie, malthusienne, voire anthropophobe, ambitionne de traduire le mythe en mouvement politique totalitaire visant à gommer toute trace de démocratie. Cette mouvance se préoccupe-t-elle de la précarité, de la pauvreté, de la misère ? Prétendre « sauver la planète » apparaît incomparablement plus valorisant que prêter main-forte aux restos du cœur ou à Emmaüs.

En réponse à la question de savoir si l'écologisme politique[2] serait de droite ou de gauche, Drieu Godefridi, docteur en philosophie, souligne que[3] : « Les racines de l'écologisme radical plongent dans un spectre peu suspect de gauchisme : le romantisme allemand, le malthusianisme anglais, ensuite le national-socialisme allemand, jusqu'aux différentes déclinaisons contemporaines de la "deep ecology", dont l'Américain Paul Ehrlich. Qualifier tout entier

2. Buson, C., Apfelbaum, M., Bardinet, J.-P., Beslu, P., Gérondeau, C., Houdebine, L. M., Julien, J.-L., L'hirondel, J.-L., Monnier, C., Proust, J.F., Veyres, C., Voron, H., *Réponse à l'écologisme, comment la connaissance permet de réfuter les peurs entretenues*, éd. l'Harmattan (2016).

3. atlantico.fr/article/decryptage/extreme-droite-ecologie-animalisme-et-veganisme-une-histoire-et-un-present-bien-plus-compliques-que-ne-veut-le-voir-la-gauche-ecolo-militants-ecologistes-ideologie-critiques-passe-hugo-clement-debat-valeurs-actuelles-drieu-godefridi

l'écologisme de branche de l'extrême droite serait, bien sûr, tout aussi absurde que l'instituer en douce fleur de la gauche morale [...] Le vrai[4] est que l'écologisme est une idéologie spécifique, qu'il faut se garder de cantonner dans les catégories et modes des idéologies communiste, fasciste ou socialiste. Ainsi, l'écologisme n'est-elle pas un marxisme, même si elle en partage les méthodes, la haine de l'économie de marché, de la propriété, de la liberté individuelle. L'écologisme se définit d'abord et avant tout comme une idéologie antihumaniste qui, considérant l'homme comme un virus pour son environnement, procède à sa dégradation ontologique, la deuxième chute, en termes bibliques. Cette dégradation de l'homme au niveau de l'amibe, de l'insecte, du virus est sans précédent dans l'histoire occidentale et ouvre la porte au pire, un enfant le voit. »

4. Écologisme, nouveau totalitarisme, éd. Texquis (2019).

De la controverse scientifique

Singularité du contexte inquisitorial de la sous-discipline climatique

La controverse est inhérente à la méthode scientifique. Héritière du nécessaire débat, elle est une garantie de la rigueur scientifique. La science fait un grand pas chaque fois qu'un nouveau paradigme balaye le consensus antérieur. Prétendre interdire la controverse, comme le voudrait le dogme climatique, serait prendre un risque majeur, celui de placer la science sous le joug de la tyrannie de l'opinion dominante ou de la pensée unique.

Un exemple de controverse restée longuement prégnante concernait un mécanisme de transitions de phase dans les systèmes ferroélectriques. (i) Displacif, terme hérité du mot anglais que plus explicitement on pourrait désigner par « à déplacement d'atome », ou (ii) ordre-désordre ? Quel était à l'échelle atomique le mécanisme faisant passer à la température de Curie[1] un cristal de l'état ferroélectrique à l'état paraélectrique ? C'est en effet à cette température que les valeurs de permittivité, donc de capacité de stockage momentané d'électricité, sont les plus élevées. De telles valeurs sont essentielles pour augmenter les performances d'un condensateur en particulier dans le cadre du foisonnement d'applications en électronique et du « tout-électrique ». La variation de fréquence du mode de vibration qualifié de « mou » – c'est en réalité la liaison avec les atomes voisins qui manque de ressort, n'y voyez aucune allusion anthropique –, mesurée en fonction de la température par spectroscopie de réflectivité infrarouge, apparaissait caractéristique d'un mécanisme displacif. L'un des opposants à cette proposition n'était autre qu'Alex Müller, futur lauréat du prix Nobel de physique. Après discussion approfondie dans son bureau près de Zürich dans le centre de recherche IBM, la controverse s'est soldée par l'écriture d'une publication commune[2], réconciliant nos points de vue respectifs et ajoutant leur caractère complémentaire dans une synthèse marquant une avancée significative.

1. Il s'agit ici de Pierre Curie et non de Marie, son épouse.
2. Müller, K.A., Luspin, Y., Servoin, J.L., Gervais, F., 1982. Displacive-Order-Disorder Crossover at the Ferroelectric-Paraelectric Phase Transitions of $BaTiO_3$ and $LiTaO_3$. *J. Phys. Lettres* **43**, 537-542.

D'autres domaines de recherche comme l'émissivité thermique des matériaux semi-transparents ont donné lieu à des discussions passionnées, soldées par notre succès à un appel d'offres de l'Agence spatiale européenne dans le cadre du projet de navette *Hermès*[3]. Le mécanisme à l'origine de la supraconductivité à haute température des cuprates reste en discussion. Lors de ces controverses, le respect mutuel a toujours prévalu comme il sied à tout universitaire.

Le mot-clé « climatologie » est l'un des 55 qui définissent le champ d'application des enseignements et des recherches dans le cadre de la section 23 « Géographie physique, humaine, économique et régionale » du Conseil national des universités. Comment expliquer l'étrange singularité du contexte inquisitorial au sein de la sous-sous-discipline de la modélisation climatique du moins pour sa fraction qui a l'onction du Giec ?

Lors de la cinquantaine de conférences invitées que j'ai données sur l'équation carbone, climat, énergie, dont quatre lors de congrès à l'étranger, l'ambiance est toujours restée sympathique sans la moindre incivilité mais au contraire avec pertinence et urbanité dans les questions et les commentaires

3. Seronde, F., Echegut, P., Coutures, J.P., Gervais, F., Methods of Measurement of Spectral Emissivity in Absorbing and Semi-transparent Materials and Coatings at High Temperature, ESA WPP 020 (1991).

de l'auditoire. Ce n'est pas comme sur Internet où sévissent les *haters*, « justiciers » masqués derrière leur lâche pseudonyme. Le respect brille par son absence, la haine est palpable. Triste époque.

Un physicien n'imagine pas « lutter » contre les opposants à la théorie de la relativité ou du Big Bang. Il ne sied pas à un scientifique de s'exprimer en terme de « combat » mais seulement de pratiquer l'expérimentation décisive pour tester une théorie ou d'en démontrer une autre. À l'inverse, quand des scientifiques ont tourné le dos à la nécessité du doute, du scepticisme, de l'esprit critique, ils se sont souvent trompés.

À ma connaissance, mes travaux publiés en anglais dans des revues internationales à comité de lecture sur le sujet climatique, pas plus d'ailleurs que ceux sur quantité d'autres sujets, n'ont pas donné lieu à « Comment on… » suivi du titre de l'article. C'est la procédure habituelle en cas de controverse scientifique. Les critiques éventuelles sont soumises par leurs auteurs à l'éditeur qui les fait passer sous les fourches caudines de « referees » anonymes spécialistes du domaine. Si les rapports confirment l'intérêt scientifique des critiques, l'éditeur pourra publier le « Comment ». Il pourra être suivi d'une réponse de l'auteur de l'article initial, « *Reply to* comment on… », après, comme de juste, « revue par les pairs », traduction de l'anglais, ou accord du comité de lecture, terminologie usuelle en français, suite à son analyse critique.

Se gardant bien de passer par cette procédure considérant peut-être qu'elle risquait d'être contre-productive et de les exposer fâcheusement, trois auteurs français des rapports du Giec, dont deux non des moindres puisque coprésidents successifs du Groupe I, tous trois salariés du CEA de Saclay (Unité mixte de recherche 8 212), se sont crus obligés de se fendre à mon encontre d'incroyables charges *ad personam*[4]. L'ex-coprésidente du Groupe I du Giec a reproché aux députés au sein même de l'Assemblée nationale de m'avoir invité à venir y débattre. Fallait-il que mes travaux leur paraissent dérangeants... Sans doute tenaient-ils à différer aussi tard que possible la ménopause de leur volatile aussi doré que lucratif. L'un d'entre eux se revendique militant pronucléaire, pourquoi pas, sauf qu'il va jusqu'à prôner l'abandon de la démocratie pour prétendre « sauver le climat[5] »...

4. kin152.gadz.org/climatologie/reponse_au_monde.pdf
www.nossenateurs.fr/citoyen/francois-gervais
Le Canard enchaîné n° 5162 du 16 octobre 2019
www.climato-realistes.fr/francois-gervais-repond-a-francois-marie-breon-afis
5. www.liberation.fr/planete/2018/07/29/francois-marie-breon-la-lutte-pour-le-climat-est-contraire-aux-libertes-individuelles_1669641

Puissance d'investigation de la spectrométrie infrarouge

Application au CO_2 atmosphérique, au méthane et au protoxyde d'azote

Pour effectuer les mesures de ma thèse de doctorat d'État il y a plus d'une cinquantaine d'années, j'ai construit mon premier spectromètre infrarouge, à prisme. Il m'a entre autres permis de me familiariser très tôt avec les bandes d'absorption de la vapeur d'eau et du CO_2 atmosphérique qui, absorbant une partie d'un rayonnement qui m'était précieux, me gênaient plus qu'autre chose. Je n'ai eu de cesse dans les spectromètres successifs plus performants, un à réseau puis trois consécutifs à transformée de Fourier[1], avec lesquels j'ai continué à investiguer, que

1. Gervais, F., 1983. High-Temperature Infrared Reflectivity Spectroscopy by Scanning Interferometry. Chapter 7 of *Infrared and Millimeter Waves*, vol. 8, éd. K.J. Button, *Academic Press*, 279-339.

de faire en sorte d'éliminer cette gêne, sous azote sec puis sous vide.

Spectre infrarouge du CO_2 atmosphérique

Au contraire de la face plane d'un solide[2], un gaz ne réfléchit pas la lumière. Il peut en revanche diffuser le rayonnement, l'absorber ou l'émettre à certaines fréquences caractéristiques des vibrations des atomes pour peu que celles-ci aient un caractère « polaire », c'est-à-dire mettent en jeu des écarts momentanés de charges électriques produisant un dipôle oscillant. La symétrie de la molécule de CO_2 autorise l'absorption du rayonnement infrarouge à seulement deux fréquences : 20 et 70 térahertz[3], correspondant à des longueurs d'onde de 15 et 4,3 µm. La longueur d'onde est l'inverse de la fréquence à un coefficient près, la vitesse de l'onde. Une couche d'air de seulement 300 m au-dessus du sol est ainsi pratiquement opaque à ces deux fréquences. Les molécules de CO_2 qui se trouvent au-dessus ne pourront pas recevoir de rayonnement thermique de la surface de la Terre. Que leur concentration augmente ne

2. Gervais, F., Servoin, J.L., Baratoff, A., Bednorz, J.G., Binnig, G., 1993. Temperature Dependence of Plasmon in Nb-Doped $SrTiO_3$. *Phys. Rev.* B. **47**, 8187-8194, exemple de travaux mis en avant car tout de même cosigné de deux prix Nobel de physique, Bednorz et Binnig.
3. 1 térahertz = 1 000 milliards d'oscillations par seconde.

changera pas grand-chose puisque le rideau noir est déjà en place en dessous. Le phénomène est saturé ou peu s'en faut. Dès 1971, Rasool et Schneider[4], ce dernier éditeur de la revue *Climate Change*, écrivaient : « À mesure que davantage de CO_2 est ajouté à l'atmosphère, l'accroissement de la température est proportionnellement de moins en moins élevé, et l'augmentation finit par se stabiliser. L'emballement de l'effet de serre ne se produit pas car la bande du CO_2 à 15 micromètres qui est la principale source d'absorption sature, et l'ajout de CO_2 n'augmente pas substantiellement l'opacité infrarouge de l'atmosphère. » La saturation est confirmée dans le titre même de l'article de Schildknecht paru en 2020[5].

Se greffe sur cette opacité le temps de résidence du CO_2 dans l'atmosphère. S'il est inférieur à cinq à dix ans, comme le montrent de nombreux travaux[6], les scénarios du Giec, en particulier le RCP8.5, qui tous envisagent un temps bien plus long, perdent leur crédibilité.

Une particule chargée électriquement soumise par un champ électrique ou magnétique à accéléra-

---

4. Rasool, S.I., Schneider, S.H., 1971, Atmospheric Carbon Dioxide and Aerosols: Effects of Large Increases on Global Climate. *Science* **173**, 138.
5. Schildknecht, D., 2020. Saturation of the Infrared Absorption by Carbon Dioxide in the Atmosphere. *Int. J. Modern Phys.* B. doi.org/10.1142/S0217979220502938
6. Stallinga, P., 2023. Residence Time vs. Adjustment Time of Carbon Dioxide in the Atmosphere. *Entropy.* DOI: 10.3390/e25020384.

tion ou freinage émet un rayonnement électromagnétique. Pour l'électron, cela peut s'appeler effet d'antenne émettrice, un phénomène indispensable au fonctionnement de notre smartphone, ou encore émission de rayonnement synchrotron. Dans la molécule de CO_2, le carbone est chargé positivement par rapport aux deux oxygènes voisins chargés négativement. Considérons la vibration d'élongation à 70 térahertz où le carbone se déplace alternativement vers l'un puis l'autre pour ne pas faire de jaloux. Le mouvement crée un dipôle électrique oscillant avec séquence d'accélérations et de décélérations de la charge électrique qui émettent un rayonnement électromagnétique. On l'observe à haute altitude où la pression atmosphérique étant plus faible, les collisions avec les molécules voisines, dominantes à plus basse altitude, sont limitées.

Pour visualiser le spectre de rayonnement thermique du CO_2 atmosphérique, il suffit de reprendre les mesures effectuées par le spectromètre embarqué par exemple dans le satellite Nimbus-4[7], pointant de l'espace vers la Terre. Leur interprétation n'est pas intuitive car les molécules émettant près de la tropopause sont à la température de celle-ci, plus

7. Hanel, R.A., *et al*, 1972. The Nimbus 4 Infrared Spectroscopy Experiment: 1 Calibrated Thermal Emission Spectra. *J Geophys. Res.* DOI: 10.1029/JC077i015p02629.

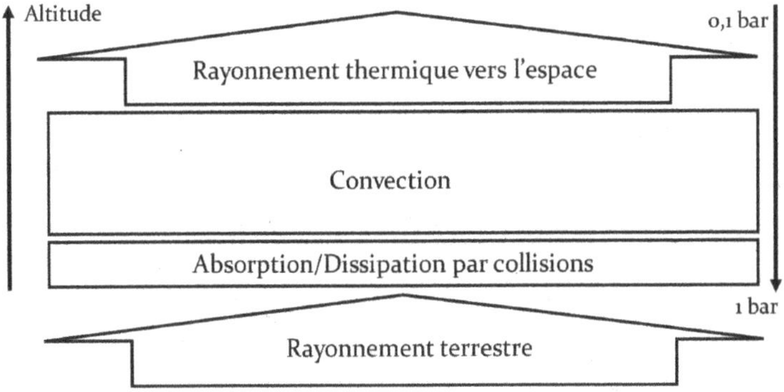

Schéma illustrant à différentes altitudes et pressions atmosphériques correspondantes les mécanismes impliquant le CO_2 à la fréquence de 20 térahertz (longueur d'onde de 15 µm). À basse altitude, 300 m de hauteur suffisent à absorber la quasi-intégralité du rayonnement terrestre à cette longueur d'onde. L'énergie absorbée est communiquée aux molécules voisines, principalement oxygène et azote, essentiellement par collisions. Elles-mêmes pourront la transmettre à plus haute altitude par convection. Au-dessus de la tropopause, frontière virtuelle entre la troposphère et la stratosphère, lorsque la pression est assez faible pour limiter les collisions, le rayonnement thermique du CO_2 vers l'espace devient prépondérant.

froide que la surface de la Terre. Thermiquement, elles émettent donc moins, donnant l'impression d'un « trou » dans le spectre d'émission thermique. En revanche, la mesure effectuée au-dessus de l'Antarctique, reproduite de Petty[8], se comprend plus

8. Petty, G.W., *A First Course in Atmospheric Radiation*, Sundog Publishing Co., Madison (2006).

aisément car la température de la tropopause y est proche de celle du sol glacé.

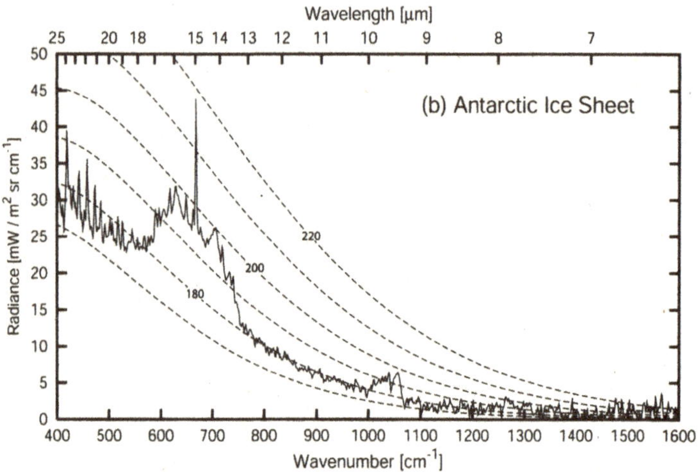

Elle montre comme il se doit le « pic » d'émission thermique du CO_2 à la longueur d'onde (*wavelength*) de 15 µm se superposant à une émission d'une surface terrestre nettement plus froide que la moyenne terrestre de 288 K.

Si la concentration de CO_2 doublait dans l'atmosphère, pour retrouver la densité optique initiale, il émettrait vers l'espace à une altitude un peu supérieure, donc à température un peu plus basse dans la tropopause. Il émettrait donc un peu moins. Le petit déficit d'émission du gaz que d'aucuns considèrent comme démoniaque conduirait à un réchauffement de la Terre de l'ordre de seulement 0,7 °C[9]. Avec une augmentation annuelle de sa concentration de 0,5 %, on reste très loin d'un doublement et donc d'un tel « réchauffement », bien trop minime pour relever de la menace existentielle, sauf en Absurdie bien sûr.

Oui mais, objecte le Giec reprenant les travaux évaluant des sensibilités climatiques supérieures à 1 °C, le CO_2 n'est que l'allumette qui va réchauffer la vapeur d'eau, principal gaz dit « à effet de serre ». Tous les modèles de climat s'accordent à convenir que ce serait principalement sous les tropiques et près de la tropopause que l'effet devrait notamment se manifester *via* une température relativement plus élevée désignée par *hot spot* (point chaud). Problème majeur pour cette conjecture, ce fameux point chaud n'est pas observé[10]. Manabe lui-même, Prix Nobel de physique 2021 pour « la modélisation physique du climat de la Terre », confirme[11]. Plus gênant encore,

---

9. Harde, H., 2013. Radiation and Heat Transfer in the Atmosphere: a Comprehensive Approach on a Molecular Basis. *Int. J. Atmospheric Sci.* dx.doi.org/10.1155/2013/503727
scienceofclimatechange.org/wp-content/uploads/Gervais-2021-Climate-Sensitivity-Carbon-Footprints.pdf
10. Christy, J., 2019. *Le Spectacle du monde* n° 619, 26-28
Christy, J.R., Herman, B., Pielke Sr, R., Klotzback, P., McNider, R.T., Hnilo, J.J., Spencer, R.W., Chase, T., Douglass, D., 2010. What Do Observational Datasets Say about Modeled Tropospheric Temperature Trends since 1979? *Remote Sensing* **2**, 2148.
11. Fu, Q., Manabe, S., Johanson, C.M., 2011. On the Warming in the Tropical upper Troposphere: Models versus Observations. *Geophys. Res. Lett.* **38**, L15704.

à l'altitude vers 9 km où le point chaud est attendu et où le CO_2 contribue au flux radiatif vers l'espace, l'humidité spécifique qui était censée augmenter sous l'effet de l'allumette a au contraire tendance à décroître (climate4you.com). À l'inverse, Lindzen et Choi[12] considèrent une rétroaction négative, l'effet « iris », lié à une diminution des cirrus tropicaux permettant d'augmenter le rayonnement infrarouge vers l'espace. Plus généralement, un surcroît d'évaporation pourrait provoquer davantage de nuages, eux-mêmes entraînant une augmentation de l'albédo de la Terre et donc un effet refroidissant. Les incertitudes sur le rôle des nuages sont reconnues plus problématiques dans le rapport AR6 du Giec que dans les précédents. C'est d'autant plus gênant que les effets de leurs rétroactions sont du même ordre de grandeur que le rôle du CO_2 lui-même[13].

12. Lindzen, R.S., Choi, Y.S., 2011. On the Observational Determination of Climate Sensitivity and its Implications. *Asia-Pacific J. Atmos Sci.* **47**, 377.

13. wattsupwiththat.com/2023/04/25/the-mysterious-ar6-ecs-part-2-the-impact-of-clouds
notrickszone.com/2023/05/08/new-study-90-of-recent-warming-is-from-shortwave-cloud-forcing-humans-contributed-0-03c

Le mauvais procès fait au méthane et au protoxyde d'azote

Quid du méthane CH_4 et du protoxyde d'azote N_2O ? Ils sont incriminés en agriculture et dans l'élevage des bovins qui effectivement émettent du méthane. Une décision de justice condamne les agriculteurs à en limiter l'élevage aux Pays-Bas[14]. Leur contestation s'est exprimée dans des manifestations et dans les urnes où le parti qui les soutient est passé de 1 % des voix en 2021 à 20 % aux élections de mars 2023, devenant le premier sur l'échiquier politique néerlandais[15]. La décision de justice était de toute façon bien inutile car à l'échelle mondiale selon la FAO, l'agence des Nations unies spécialisée dans l'alimentation et l'agriculture, à eux seuls les animaux de trait sont au nombre de 430 millions, soit 100 fois le cheptel bovin des Pays-Bas. Ces animaux de trait expirent du CO_2 et leur importante proportion bovine éructe du méthane. Faudrait-il les euthanasier et condamner avec eux le même nombre de paysans parmi les plus pauvres de la planète ? Oubliant que les gaz de l'air se moquent éperdument

14. www.contrepoints.org/2023/01/28/449230-lunion-europeenne-va-obliger-les-pays-bas-a-interdire-lelevage-de-betail
15. www.lemonde.fr/international/article/2023/03/17/caroline-van-der-plas-l-heroine-du-monde-agricole-qui-bouleverse-la-politique-aux-pays-bas_6165815_3210.html

des frontières, les campagnes d'activistes ignorants de ces chiffres, contre les boucheries, contre les barbecues, pour la suppression de viande dans les cantines, s'appuient sur des conclusions en fait mal comprises. Même la Cour des comptes française a repris le poncif[16]. Ne serait-elle pas davantage dans son rôle en œuvrant à réduire la dette publique abyssale ? Mais on ne s'en étonnera pas en Absurdie.

Méthane et protoxyde d'azote sont qualifiés de « puissants » gaz à effet de serre[17]. Face à une telle assertion, comparons leurs coefficients d'absorption infrarouge à ceux du dioxyde de carbone et de la vapeur d'eau. Surprise. Ils sont très inférieurs. L'écart de charge électrique entre C et H dans CH_4, entre N et O dans N_2O – écart que Linus Pauling, lauréat de deux prix Nobel dont celui de chimie, a désigné par *différence d'électronégativité* qui va déterminer l'amplitude du moment dipolaire oscillant qui absorbe le rayonnement infrarouge – est en effet nettement plus faible dans ces deux gaz que dans CO_2 ou H_2O. À concentration égale dans l'atmosphère, ils absorberaient donc nettement moins de rayonnement. De

16. www.climato-realistes.fr/la-cour-des-comptes-recommande-de-reduire-le-cheptel-des-vaches l

17. www.lemonde.fr/climat/article/2023/01/22/pour-atteindre-la-neutralite-carbone-il-faut-manger-beaucoup-moins-de-viande_6158853_1652612.html www.lemonde.fr/planete/article/2023/05/23/la-cour-des-comptes-preconise-de-reduire-le-nombre-de-bovins-pour-tenir-les-engagements-climatiques-nationaux_6174548_3244.html

fait, les sensibilités climatiques de 0,06 °C pour un doublement du méthane et de 0,08 °C pour celui du protoxyde d'azote apparaissent ridiculement faibles[18]. Ces gaz n'ont rien de « puissants ». Leur effet est au contraire anémique. À cette raison physique s'ajoute le fait que leur concentration dans l'air reste excessivement faible, 0,00019 % pour le méthane, 0,00003 % pour le protoxyde d'azote. Si l'utilisation d'engrais azotés devenait sévèrement restreinte au prétexte qu'elle s'accompagne d'émissions de protoxyde d'azote, ce serait l'alimentation mondiale qui serait en danger. Danger trop réel sans commune mesure avec un infime « réchauffement » de 0,064 °C par siècle[19].

Alors pourquoi les potentiels de réchauffement de ces gaz ont-ils été qualifiés de façon trompeuse de « puissants » ? Ces potentiels correspondent à la dérivée, hyperbolique, en 1/x, de la loi logarithmique ln(x) décrivant l'impact des gaz dits « à effet de serre » qui diminue relativement à leur concentration. Si le « potentiel » est élevé lorsque cette dernière est très faible, il chute très rapidement suivant la loi hyperbolique à mesure que la concentration augmente pour devenir nettement plus faible que celui du CO_2 ou

18. Coe, D., Fabinski, W., Wiegleb, G., 2021. The Impact of CO_2, H_2O and Other "Greenhouse Gases" on Equilibrium Earth Temperature. *Int. J. Atmospheric & Oceanic Sci.* **5**, 29-40.
19. co2coalition.org/wp-content/uploads/2022/11/Nitrous-Oxide.pdf

de la vapeur d'eau à concentration similaire. Suggérons au Giec et à ses affidés de calculer le « potentiel de réchauffement » des parfums, y compris ceux des fleurs, buzz garanti sur la Toile… L'augmentation annuelle de méthane n'excède pas 0,000001 % d'un volume d'air et vu la chute drastique de l'impact avec la concentration pour les plus faibles valeurs, il est aussi indigne qu'absurde de vilipender les éleveurs et de prendre une aussi faible augmentation comme prétexte pour prétendre interdire de manger de la viande rouge. Cessons donc de culpabiliser pour de mauvaises raisons et continuons à nous régaler d'une belle côte de bœuf grillée au feu de bois, arrosée d'un Ladoix, d'un Aloxe-Corton ou d'un Fixin si le cœur nous en dit.

Arsenaux nucléaires et centrales productrices d'électricité

Un peu de physique à l'appui d'un débat qui gagnerait à ne pas être confisqué

Il est singulier que les bombes qui ont détruit Hiroshima puis Nagasaki soient dénommées « atomiques ». Leur puissance destructrice ne provient pas de l'atome, mais exclusivement de son noyau, précisément de ceux d'atomes lourds comme l'uranium 235 ou le plutonium 239. Initiée par bombardement d'un neutron, la fission les divise en deux de masses moitié moindres, en émettant plusieurs neutrons. Ces neutrons vont à leur tour déstabiliser les noyaux lourds voisins et provoquer leur division et ainsi de suite selon un processus de réaction en chaîne libérant une énergie apocalyptique sous réserve que la masse critique initiale soit suffisante.

La fusion thermonucléaire est plus redoutable encore en termes de puissance de destruction. L'explosion d'une bombe à fission intégrée à l'ensemble confère une énergie cinétique suffisante aux noyaux d'hydrogène, de simples protons, et éventuellement à leurs isotopes, deutérium constitué d'un proton et d'un neutron, tritium constitué d'un proton et de deux neutrons, pour les projeter les uns vers les autres en surmontant la barrière de leur répulsion électrostatique mutuelle. Former ainsi des noyaux d'hélium produit, par noyau, une énergie très supérieure à celle de la fission. La fusion des protons prévaut dans les étoiles, la nôtre y compris, le soleil, et explique comment il est capable de rayonner en dépit de la distance une telle profusion de chaleur et de lumière.

Neuf pays dans le monde possèdent des ogives nucléaires : États-Unis, Russie, Chine, France, Royaume-Uni, Israël, Inde, Pakistan, Corée du Nord. De nombreux autres pays sont « au seuil » de pouvoir fabriquer une bombe. Avec plus de 5 000 bombes nucléaires chacun, les deux premiers maintiennent depuis le début de la guerre froide ce qu'il est convenu d'appeler l'équilibre de la terreur. Pour s'en prémunir dans les années 1950, des particuliers se faisaient construire des abris. Peu après le début de l'invasion de l'Ukraine, le président Poutine a théâtralement rappelé la menace.

En Absurdie, la somme de toutes les peurs semble ou feint d'ignorer cette effrayante réalité pour être en revanche obnubilée par le seul nucléaire civil qui produit de l'électricité. C'est ainsi que Superphénix, réacteur dit « de quatrième génération », qui produisait 3,4 térawattheures la dernière année de sa mise en service, a été arrêté en 1997 pour des raisons essentiellement politiques. Certes, s'agissant d'un prototype, il était effectivement coûteux. Mais sur le long terme, la maîtrise du procédé utilisant des neutrons rapides garantit de pouvoir produire de l'électricité pendant deux à trois milliers d'années. La France a perdu une avance décisive. L'abandon du projet Astrid par le CEA ne va pas dans le sens de rattraper le retard. L'uranium 238, non fissile, et qui constitue la majeure partie des encombrants déchets radioactifs actuels, deviendrait pourtant dans une telle filière une ressource aussi exploitable que précieuse. La filière thorium mériterait aussi d'être considérée.

Des centrales nucléaires ont certes connu des accidents, mais comme d'autres sources de production d'énergie. À partir d'un certain niveau de dimensionnement, le risque zéro devient illusoire. Les ruptures de barrages hydroélectriques, principale énergie renouvelable à l'heure actuelle, comme dans la région de Banqiao en 1975 ont causé nombre de victimes, jusqu'à 240 000 directes et indirectes selon les dernières évaluations.

Les accidents de Tchernobyl et de Fukushima ne résultent pas d'une explosion similaire à celle d'une bombe nucléaire. Grâce à des absorbeurs de neutrons, la conception des réacteurs est évidemment prévue pour éviter tout risque de réaction en chaîne. Les deux accidents ont été causés par un défaut de refroidissement de réacteurs, provoquant surchauffe et fusion du cœur. À Fukushima, c'est la vague monstrueuse d'un tsunami, provoqué par un séisme de magnitude exceptionnelle au large, qui a endommagé les systèmes de refroidissement. Quelle idée aussi d'avoir construit la centrale dans le golfe de Sendai où l'on sait que la vague de tout tsunami gagne en amplitude en approchant le fond d'un golfe. Des murailles de protection avaient certes été érigées mais leur hauteur s'est révélée insuffisante. À Tchernobyl, c'est un test mal maîtrisé qui est cause de la catastrophe. Dans les deux cas, la surchauffe a provoqué la radiolyse de l'eau de la « piscine » supérieure, créant un mélange détonant d'hydrogène et d'oxygène qui de fait a explosé. Une raison complémentaire pour rappeler que l'hydrogène n'est pas un carburant innocent. Alors qu'il y a eu quelques dizaines de décès à Tchernobyl des suites d'irradiations, aucun de ce type n'a été déploré à Fukushima. En revanche, des niveaux de radioactivité élevés ont eu des conséquences sur la santé de nombre de personnes.

Il convient de distinguer radioactivité naturelle et artificielle. Tant que la seconde ne dépasse pas le seuil de la première, on peut considérer qu'il n'y a pas vraiment danger. Notre propre corps en effet est composé d'atomes d'hydrogène, neuf sur dix, constituants d'innombrables molécules constitutrices de sa vie. Nous sommes donc source de rayonnements radioactifs à faible dose dus au tritium, isotope ^{3}H de l'hydrogène à l'état de trace. S'y ajoute l'isotope ^{40}K du potassium dans nos os. Notre organisme *rayonne* ainsi de l'ordre de 10 000 Becquerels, soit ***10 000 désintégrations radioactives chaque seconde***. En dépit de ce chiffre impressionnant, ce rayonnement radioactif reste énergétiquement dérisoire. Tout est radioactif autour de nous, les sols surtout s'ils émettent du radon, l'air, l'eau, les rayons cosmiques, mais à des doses trop faibles pour être inquiétantes. Les émissions de radon dans certaines régions du monde peuvent provoquer une radioactivité naturelle presque cent fois supérieure à la moyenne. Elle n'a pas découragé les populations d'y vivre depuis des temps immémoriaux.

Une autre voie pour produire l'électricité, explorée au niveau de la recherche, peut se révéler encore plus prometteuse. Il s'agit non plus de fission mais de fusion. Deux voies sont expérimentées en parallèle : tokamak et laser mégajoule. Dans la première, un plasma de deutérium et de tritium confiné dans un tore magnétique est « chauffé » par micro-ondes jusqu'à ce que l'énergie cinétique des particules leur permette de vaincre leur répulsion électrostatique mutuelle et de déclencher la fusion. ITER, réacteur thermonucléaire expérimental international, projet financé mondialement en construction dans le sud de la France, vise à produire 500 mégawatts avec une puissance de « chauffage » de seulement 50 mégawatts pendant quatre cents à six cents secondes. À suivre car la construction a pris du retard[1]. La seconde voie, inertielle, se félicite d'une avancée marquante[2]. Il s'agit de concentrer l'énergie en l'occurrence de 192 lasers sur une petite bille de deutérium-tritium. Pour 2 mégajoules injectés,

1. www.theguardian.com/science/2023/jan/06/french-nuclear-fusion-project-may-be-delayed-by-years-its-head-admits

2. www.lemonde.fr/sciences/article/2022/12/13/fusion-nucleaire-une-percee-scientifique-majeure-annoncee-par-un-laboratoire-americain_6154238_1650684.html

plus de 3 ont été produits. On reste encore loin d'un développement industrialisable mais la recherche progresse. Dans les deux cas, le procédé ne présente pas certains des dangers de la fission puisqu'il suffit de couper l'alimentation pour arrêter la réaction.

Échec au roi

Chiffres si élevés qu'ils semblent peu familiers à certains décideurs

S'il est aujourd'hui admis que le jeu d'échecs tient son origine de l'Inde vers l'an 600, plusieurs versions circulent quant à son inventeur. L'une d'entre elles avance qu'un sage nommé Sissa aurait créé et offert ce jeu stratégique à un prince indien pour le divertir. Il se présentait comme l'échiquier de 64 cases d'aujourd'hui. Vivement intéressé par ce jeu, le prince souhaitait offrir au sage une récompense et lui proposa de la choisir. Sissa répondit qu'il aimerait un peu de blé. Il demanda 1 grain sur la première case, le double sur la deuxième, puis encore le double sur la troisième, etc. jusqu'à la 64e case. Le prince fut amusé par cette demande qu'il trouva très modérée. Mais si le monarque avait voulu honorer la demande, il n'aurait pu y parvenir. En suivant cette règle, ce ne sont pas moins de :

2^{64} (2 élevé à la puissance 64) – 1
= 18 446 744 073 709 551 615 grains de blé

qui auraient dû être déposés, soit environ 1 200 milliards de tonnes. C'est à l'heure actuelle quelque 2 000 fois la production mondiale annuelle de blé. « Échec au roi ».

L'Assemblée nationale a voté à l'unanimité moins deux abstentions la ratification de l'accord de Paris lors de la COP21 en 2015. Nos représentants ont-ils fait le petit calcul que n'avait pas fait le prince indien ? Ont-ils aligné le nombre d'euros par fraction infinitésimale de degré de réchauffement évité qu'il faudrait dépenser – les COP l'expriment en *Nationaly Determined Contributions* – pour respecter les engagements de l'accord ? Engagements certes non contraignants, mais engagements tout de même que ne se privent pas de rappeler le Conseil d'État[1] ou les organisations qui assignent l'État français en justice. Un pour cent (contribution de la France aux émissions) de la somme de 100 000 milliards que nous incitent à lever les dernières COP, ce seraient tout de même 1 000 milliards de dettes supplémentaires. Pour éviter un « réchauffement » d'un millième de degré d'ici 2050 ? Voilà qui propulserait le « cours » du degré de réchauffement évité à l'échelle

1. fr.irefeurope.org/publications/articles/article/conseil-detat-et-politique-climatique-des-juges-politiques

mondiale à un million de milliards. Si cela ne ressemble pas au casse du siècle...

Ce qu'a fait une Assemblée nationale, une autre peut le défaire. Pour ratifier l'accord de Paris, le président des États-Unis avait signé un simple *executive order* sans passer par un vote au Congrès. Arguant que « l'Accord de Paris saperait notre économie, paralyserait nos travailleurs, affaiblirait notre souveraineté, imposerait des risques juridiques inacceptables et nous placerait en permanence dans une position désavantageuse par rapport aux autres pays du monde. Il est temps de sortir de l'Accord de Paris et d'instaurer un nouvel accord qui protège l'environnement, nos entreprises, nos citoyens et notre pays », le président suivant avait pu simplement l'annuler. Le président actuel s'est empressé de faire marche arrière...

Dans le budget français 2023, les dépenses sur ce chapitre ont augmenté de 13 % par rapport à 2022, pour atteindre 33,9 milliards d'euros. En poursuivant à un tel rythme, et pire encore en l'accélérant à 67 milliards par an selon les recommandations du rapport Pisani-Ferry/Mahfouz de mai 2023[2], c'est environ 1 000 milliards, voire davantage, qui

2. atlantico.fr/article/decryptage/alerte-nouveaux-impots-la-fureur-de-l-etat-est-bien-partie-pour-s-abattre-prochainement-sur-les-francais-philippe-crevel-christian-saint-etienne
www.climato-realistes.fr/le-plan-climat-delisabeth-borne-un-couteux-neant

seraient dépensés d'ici 2050, pour partie en creusant une dette publique déjà abyssale, avec comme conséquence une charge de la dette appelée à devenir de moins en moins supportable. N'y aurait-il pas d'autres priorités, par exemple en matière d'éducation, de santé, de recherche scientifique ?

La plus belle des formules mathématiques

Crainte exponentielle, réalité logarithmique

La crainte « exponentielle » d'un emballement de l'effet de serre atmosphérique propagée par les alarmistes est parfaitement infondée puisqu'au contraire d'être exponentiel, l'effet est à l'inverse logarithmique, comme le montre l'évolution du spectre infrarouge avec la concentration d'un gaz dit « à effet de serre ». L'exponentielle utilise le nombre d'Euler, noté « e ». Rappelons à ce propos la plus belle des formules mathématiques, celle d'Euler :

$$e^{i\pi} + 1 = 0$$

Si l'on veut rajouter le « 2 », pour que le « 1 » ne se sente pas trop seul dans la numération, on écrira :

$$e^{2i\pi} - 1 = 0$$

Le « 0 » a des racines indiennes.

π a été découvert dans l'Antiquité grecque, lien obligé entre le rayon d'un cercle et sa circonférence.

Pour son introduction en Bourse en 2004, Google a fait un joli clin d'œil au nombre d'Euler en levant « e » milliards de dollars, soit 2 718 281 828 dollars.

« i » est indispensable aux nombres complexes pour en préciser la composante imaginaire.

Nombre d'activités humaines nouvelles peuvent prendre rapidement leur essor. Si au départ elle semble donner l'impression de croître exponentiellement, cela ne dure généralement pas, passe par un maximum puis décroît, indépendamment de toute réglementation ou taxation d'ailleurs, et à une échéance et un rythme difficilement prévisibles. Le profil peut s'apparenter à une courbe de Gauss, une courbe « en cloche », toutefois trop simple pour être habituellement observée. Comme exemples, on peut citer récemment celui de la photographie argentique et de la pellicule du film d'amateur qui, après avoir été omniprésents, ont presque disparu au profit du numérique. Un autre exemple vécu par nos aînés est l'usage puis la disparition de la voiture à cheval comme moyen de déplacement en ville. À noter qu'alors les déjections chevalines s'accumulaient dans les rues des métropoles, créant des problèmes d'hygiène et alimentant une peur du retour des grandes épidémies urbaines. Il n'en a rien été. Imaginer l'avenir par extrapolation trop simpliste du présent a toutes les (mal)chances d'être voué à l'échec. Il y a trop de variables de type « chaotiques », chacune trop sensible aux évolutions imprévisibles dans l'économie, la géopolitique et autres facteurs liés à la complexité de la nature humaine, pour être capable de prévoir l'avenir de façon fiable.

Vous avez dit défaut de paiement ?

Perspectives inquiétantes de la poursuite d'un creusement insondable de la dette publique

L'appel de la Banque mondiale à lever 89 000 milliards de dollars pour la « finance climatique », association parfaitement improbable de deux mots sauf bien sûr en Absurdie, devis réévalué à quelque 150 000 milliards lors de la COP26 et confirmé lors de la COP27, soulève au moins deux questions : qui paierait et qui profiterait de cette formidable manne financière ? Si la réponse à la première question reste ouverte, la réponse à la seconde oriente tout naturellement vers les acteurs du « tout-électrique » au sens le plus large, depuis la production d'électricité jusqu'à son utilisation, et les profits qu'espèrent tirer des alléchantes subventions leurs financeurs et investisseurs. Là, on n'est plus dans l'absurde mais dans le partage du gâteau, avec des yeux qui sortent des orbites comme dans les dessins animés de Tex Avery.

« Nous sommes au milieu du plus grand transfert de richesse de l'histoire. Les éoliennes, les panneaux photovoltaïques et les véhicules électriques subventionnés par les gouvernements profitent massivement à nos contemporains riches et aux nations riches. Les plus démunis[1] et la classe moyenne paient pour les programmes d'énergie verte par des taxes accrues et des coûts d'électricité et d'énergie plus élevés. Les pays en voie de développement subissent des dommages environnementaux en extrayant les matériaux nécessaires aux énergies renouvelables pour les pays riches. Depuis 2000, le monde a dépensé plus de 5 000 milliards en énergie verte. Plus de 300 000 éoliennes ont été érigées, des millions de panneaux solaires ont été installés, plus de 25 millions de véhicules électriques ont été vendus, des centaines de milliers d'hectares de forêt ont été abattus pour produire du biocarburant et leur production mobilise environ 3 % des terres agricoles. Le monde dépense environ 1 000 milliards par an en énergie renouvelable. Les subventions gouvernementales représentent environ 200 milliards par an [...] Les subventions aux renouvelables favorisent massivement les plus riches de la société au détriment des plus pauvres. Les éoliennes reçoivent des crédits d'impôt à la production, des exonérations d'impôt

1. En France, en particulier *via* l'impôt payé sans distinction par tous, la TVA.

foncier. Les propriétaires fonciers reçoivent jusqu'à 8 000 euros par éolienne chaque année rémunérant les baux sur leurs terres[2]. »

Dans la loi française, la taxe carbone devait atteindre 100 euros la tonne de CO_2 en 2030. C'était à peu près sa cote début 2023 sur le marché européen des indulgences plénières, les échanges de quotas d'émissions[3] ; quotas jusqu'à présent gratuits qui ont permis d'enrichir certains[4]... En France, sa hausse a été gelée à 44,6 euros en 2018 à la suite du mouvement des Gilets jaunes. Celui des « bonnets rouges » en 2013 avait également comme raison initiale la levée de boucliers contre une politique de taxes sur les transports et les carburants[5].

Carbone 50 est un collectif regroupant une vingtaine de gérants de fonds, responsables compliance, analystes, stratèges en investissement et responsables des ventes. Dans une tribune intitulée « Adresse à la finance européenne, idiote utile d'un écologisme radicalisé par l'ignorance » publiée par *L'Opinion*

2. wattsupwiththat.com/2023/02/21/green-energy-greatest-wealth-transfer-to-the-rich-in-history
3. ember-climate.org/data/data-tools/carbon-price-viewer
4. www.lemonde.fr/planete/article/2023/05/30/comment-les-entreprises-polluantes-ont-transforme-les-quotas-gratuits-de-co-en-un-marche-de-plusieurs-milliards-d-euros_6175369_3244.html
5. www.contrepoints.org/2023/03/06/451695-la-menace-de-lecologisme

le 7 novembre 2022[6], Carbone 50 écrit : « Cent mille milliards de dollars pour éviter une hausse de température de 0,2 degré en 2050 ; la transition énergétique à marche forcée est ruineuse, suicidaire et surtout inutile [...] Le biais anti-CO_2 du GIEC est amplifié par tous ses suiveurs qui ont besoin de cette "responsabilité humaine" pour prospérer dans le business en plein boom de la lutte contre le CO_2. Faire peur et en profiter : le conflit d'intérêts économique le dispute à l'idéologie [...] La finance européenne impose à tous de réduire l'empreinte carbone dans une lutte sans merci "pour le climat" par laquelle elle croit s'acheter une conscience qui lui a souvent fait défaut. Mais sur quoi se fonde la finance pour jouer ce rôle si déterminant dans l'hystérie anti-CO_2 ? Comment la finance ose-t-elle mettre en œuvre la réallocation de trillions de dollars en faveur d'énergies indisponibles, inefficaces et chères au détriment d'énergies disponibles, efficaces et bon marché (lorsque leur développement n'est pas entravé comme aujourd'hui) sans s'être assurée de la nécessité climatique de cette réallocation monstrueuse ? Elle se fait complice d'un autoritarisme étatique qui rappelle les heures les plus caricaturales du Gosplan soviétique en imposant dans un délai parfaitement arbitraire des objectifs aussi irréalistes

6. www.lopinion.fr/economie/adresse-a-la-finance-europeenne-idiote-utile-dun-ecologisme-radicalise-par-lignorance-la-tribune-de-carbone-50

que la fin des moteurs thermiques en 2035 ou la neutralité carbone en 2050. Elle euthanasie le génial et courageux entrepreneur schumpetérien, spécialiste incontestable de la diffusion optimisée de l'innovation dans l'économie. En refusant de prêter aux producteurs d'énergies fossiles et en privilégiant dans sa gestion pour compte de tiers des considérations environnementales au détriment de la performance financière pour ses clients, la finance européenne détruit l'économie de marché. Elle met en œuvre la plus immense allocation sous-optimale de capitaux que le monde ait jamais connue, dont l'issue est une hausse insupportable du prix de l'énergie et de l'inflation en général avec, en point de mire, la décroissance économique si chère à l'écologisme radical. Le prix qu'il faudrait payer pour 0,2 degré de moins en 2050 ? »

Cette mise en garde hexagonale a des échos à l'étranger, comme semblent le souligner les prises de position par exemple de Vanguard[7]. La Banque nationale suisse semble sur une longueur d'onde similaire[8]. La gestion des fonds ESG recommande évidemment de bannir le financement du charbon,

7. wattsupwiththat.com/2022/12/25/esgs-perverse-narrow-fraudulent-ethical-principles
8. wattsupwiththat.com/2023/05/01/99-2-of-swiss-national-bank-shareholders-just-rejected-a-green-investment-push

du pétrole et du gaz. Curieusement, les investissements dans ces fonds ont plongé de 76 % en 2022 par rapport à l'année précédente[9], semblant donner raison à Carbone 50 quant aux inquiétudes d'un possible piètre retour sur investissement, voire une perte sèche. Prudent, le Congrès américain, y compris le Sénat pourtant à majorité démocrate, a adopté mercredi 1er mars 2023 une loi limitant les investissements ESG dans les fonds de pension[10]. Le président Biden a pour la première fois été contraint d'user de son droit de veto pour empêcher l'application de cette loi. C'est en tout cas la débandade chez les réassureurs qui quittent la coalition *net zero* de l'assurance[11]. Curieusement toujours, la Silicon Valley Bank en faillite finançait des douzaines d'entreprises et start-up dans le secteur *climate-tech*[12]. Après l'éclatement de la bulle internet en 2000, celle des subprimes en 2008, faut-il y voir les prémices du possible éclatement d'une « bulle climatique[13] » ?

9. www.investopedia.com/esg-fund-inflows-plunge-2022-7106493
10. www.lemonde.fr/international/article/2023/03/02/le-congres-americain-limite-les-investissements-responsables-et-pousse-biden-au-veto_6163809_3210.html
11. www.latribune.fr/entreprises-finance/banques-finance/assurance/climat-axa-et-allianz-sonnent-le-glas-de-la-coalition-net-zero-de-l-assurance-963641.html
12. heatmap.news/technology/svb-climate-tech-bank
mythesmanciesetmathematiques.wordpress.com/2023/03/24/la-svb-ou-les-infortunes-de-la-vertu
13. wattsupwiththat.com/2023/05/05/biden-and-the-bank-crash-why-green-energy-drove-banks-into-insolvency

« Finance européenne, idiote utile » semble ainsi sonner juste. Le projet de taxonomie qui, au grand dam de l'écologisme, n'a eu d'autre choix que d'inclure le gaz et le nucléaire dans les vertueux investissements labellisés « verts » en souligne toute l'hypocrisie. Et ce n'est que la partie émergée de l'iceberg[14].

Les États ne disposent pas des cent cinquante mille milliards censés être levés. Ils sont à l'inverse endettés au-delà du raisonnable en dépit, pour la France, du taux de prélèvement obligatoire le plus élevé de l'Union européenne. Ils n'ont d'autre choix que de mobiliser des fonds privés. Mais s'ils continuent à vouloir remplir le tonneau des Danaïdes climatique, ils devront continuer à y participer et ne pourront donc cesser de creuser leur dette pourtant déjà abyssale.

En Absurdie, ils sont encouragés dans ce maelström dispendieux par la théorie monétaire moderne. Elle stipule que comme l'État dispose du monopole de création de sa devise, il ne peut faire faillite. La théorie considère la capacité de l'État à dépenser comme illimitée. Lorsque l'État est en déficit, il crée de la monnaie et se renfloue, évitant tout défaut

14. www.lemonde.fr/les-decodeurs/article/2022/11/29/la-grande-tromperie-des-fonds-d-investissement-verts_6152081_4355770.html

souverain. La théorie se montre particulièrement favorable à l'augmentation des dépenses publiques et privilégie un taux d'intérêt naturel voisin de zéro. Il est vrai qu'un tel taux a bénéficié à la France pendant les dernières années à faible inflation, encourageant à s'endetter davantage. Mais France Trésor doit maintenant emprunter à des taux proches de 3 % pour rembourser les dettes contractées antérieurement et arrivées à échéance, creusant la dette davantage encore. Le coût de la dette en 2022 a doublé par rapport à 2020. Rappelons que le déficit budgétaire de 2022 atteint 171 milliards.

La théorie monétaire moderne considère-t-elle les perspectives de défaut de paiement comme nulles et non avenues ?

Un défaut de paiement sur la dette américaine, qui atteignait début 2023 31 000 milliards de dollars, plafond fixé par le Congrès, provoquerait à coup sûr une récession aux États-Unis et pourrait entraîner une crise financière mondiale, mettait à juste titre en garde la secrétaire au Trésor[15]. Le dernier défaut souverain de la France date de 1812. Toutefois, en 2022, la Russie, le Sri Lanka, le Ghana ont connu un

15. www.lemonde.fr/international/article/2023/01/21/un-defaut-sur-la-dette-americaine-provoquerait-une-crise-financiere-mondiale-estime-janet-yellen_6158728_3210.html
www.lemonde.fr/economie/article/2023/05/15/dette-americaine-les-etats-unis-approchent-dangereusement-du-defaut-de-paiement_6173368_3234.html

défaut de paiement momentané ou prolongé. Si des prêteurs potentiels soupçonnent qu'un État pourrait ne pas rembourser sa dette, ils réclament un taux d'intérêt élevé à titre de prime de risque. Pour les plus endettés, c'est le début de la spirale infernale. Afin de préserver la Terre d'un « réchauffement » d'un minusculissime millième de degré d'ici 2050, donc pour des raisons purement idéologiques ou religieuses comme montrer le « bon exemple », la France est-elle prête à commettre la folie de prendre un tel risque ?

Passeurs de rêves ou de peurs

Risque de relation incestueuse du scientifique avec le politique faute de moyens suffisants

Au même titre qu'un développement durable est souhaitable, la recherche qui sous-tend ce développement devrait bénéficier tout aussi prioritairement d'un *financement durable*. Si les influences politiques, économiques et sociétales sont légitimes pour afficher des priorités, elles ne doivent en aucun cas influer sur les résultats de la recherche et la façon de les obtenir. Les meilleures solutions ne nous apparaissent certainement pas toutes encore. L'enjeu est bien d'ajouter de la science à nos savoirs actuels, de prolonger l'effort de recherche. Quant à l'accroître, en dépit des engagements de Lisbonne, ne rêvons pas trop.

La compréhension de notre monde est devenue infiniment complexe. Et pourtant conformisme, dogmatisme et pensée unique n'ont jamais tant sévi. Les grands équilibres oscillent, basculent. La géopolitique est bousculée, remise en cause. Nul ne sait pour quel meilleur ni pour quel pire. L'agitation thermique des atomes dégrade les propriétés les plus remarquables des matériaux exploitables technologiquement. Les puissants ne devraient-ils pas s'inspirer de ces observations factuelles pour tempérer des gesticulations plus génératrices de désordre entropique que d'efficacité ? À vouloir agir trop fort et trop vite dans un monde aussi incertain, le risque de rupture de digues est devenu considérable.

La recherche est une aventure à part entière, passionnante, avec son lot de joies, de déceptions, de surprises, de rebondissements, de plaisir, de lassitude, de rebonds... Par le combat contre tous les obscurantismes, les peurs, les intégrismes et la pensée unique, elle est l'une des clés de l'avenir. Plutôt que de nous résigner à être les robots dociles des lubies autoritaires de quelques-uns, n'est-il pas enthousiasmant de contribuer à un développement maîtrisé du monde en cultivant nos talents personnels, en libérant notre créativité sans bien sûr oublier la curiosité, essentielle, dans tous les domaines ?

Cessons de nous en laisser compter par les « experts ». Pour reprendre le mot de François Kourilsky, un précédent directeur général du CNRS, « méfiez-vous des experts », disait-il devant un parterre de journalistes. Observer et mesurer, rester critique vis-à-vis du protocole expérimental, de son interprétation, formuler des hypothèses, les tester à l'aune de la cohérence avec l'intégralité des données connues, sauf à prouver qu'elles seraient elles-mêmes entachées d'erreurs, garder toujours présentes à l'esprit incertitudes et barres d'erreurs, reformuler, travailler sur thèse et antithèse, et finalement valider une synthèse. La démarche scientifique se doit d'être strictement neutre et indépendante de toute considération politique, de ses pressions. La nature, l'économie, la société, la vie, sont complexes. Chercher à les comprendre est une tâche infinie et ardue, mais nécessaire et enrichissante. Marie Curie disait : « Il n'y a rien à craindre de la vie, mais tout à comprendre. Il importe de mieux comprendre, afin que nous ayons moins peur. » Tournons le dos aux effondristes à la petite semaine. Approfondissons nos connaissances. Cultivons notre rationalité pour cesser d'avoir peur de tout, de rien, de n'importe quoi.

Un scientifique est-il passeur de rêves ou passeur de peurs ? Les financements obtenus pour l'aventure spatiale montrent qu'il peut exceller dans le rôle de passeur de rêves. Dans les disciplines qui prêtent moins à rêver, des budgets contraints et l'envolée des prix des équipements performants ont incité les scientifiques à quelque peu dramatiser l'en-tête du projet soumis au financement. Tant qu'il s'agit d'insister sur le développement de nouveaux marchés économiques potentiels ou d'aider la nation à conserver ses fleurons dans un contexte de redoutable concurrence internationale, le scientifique rémunéré sur fonds publics reste tout à fait dans son rôle. En revanche, lorsque la petite phrase catastrophiste dans l'en-tête du projet aide au succès du financement, la relation incestueuse avec la politique ne fait que s'amplifier. Jusqu'à la fin du siècle dernier, les sciences de la Terre et de l'atmosphère étaient relativement « pauvres » en termes de crédits de recherche récurrents. Avec successivement les pluies acides, aujourd'hui éradiquées en Europe grâce à l'augmentation de la qualité de l'air par quasi-élimination du dioxyde de soufre, le « trou » dans la couche d'ozone, entre parenthèses accentué par le froid, le prétendu « dérèglement climatique » et le vaste fourre-tout de la biodiversité, elles sont maintenant bien dotées pour avoir appris avec succès à « vendre » tel ou tel alarmisme.

Que le mot « écologie » qui étymologiquement désignait la science de l'habitat, étendu par la suite à la science de l'environnement, ait été récupéré dans l'intitulé de partis politiques illustre une incroyable dérive sans que personne ne semble s'en offusquer, à commencer par les scientifiques eux-mêmes. À l'instar de l'écologie, ne devrait-on pas créer un ministère des Mathématiques, de la Physique, de la Chimie, de la Biologie ? Ce serait excessivement utile pour revitaliser un socle de connaissances en voie de perdition. Discernement, esprit critique, invention, création, autant de concepts qu'il devient primordial de promouvoir et de développer à rebours de l'inverse pervers, l'infantilisation des esprits.

La peur et l'appel à la repentance se vendent toujours aussi bien car les gourous veillent à en nourrir leurs adeptes. Dans un contexte anxiogène, face à une peur cyniquement exploitée comme instrument de pouvoir, face à une recrudescence de l'irrationnel et de l'obscurantisme sous diverses formes, face à une méfiance grandissante vis-à-vis de certaines avancées scientifiques, techniques et de leurs tentatives de déclinaison économique, face à un sacro-saint principe de précaution qui bride l'innovation, la rigueur scientifique est plus que jamais devenue une exigence primordiale.

L'opportunisme politique est malheureusement aujourd'hui une source de crédits majeure en science. On peut comprendre qu'il faille pallier la réduction des crédits récurrents. En d'autres temps, ils étaient largement majoritaires, mais c'était il y a un demi-siècle. Malheureusement la France, initialement innovante avec le CNRS, s'est crue obligée de copier le modèle américain faute d'une croissance de moyens pour la recherche, en infraction frontale avec les engagements de Lisbonne.

L'histoire apparaît d'autant plus jonchée d'erreurs scientifiques que leurs auteurs étaient sous le joug d'un pouvoir religieux ou totalitaire. En dehors de la rigueur de la démonstration, les conclusions scientifiques ne sont qu'un faisceau convergent de présomptions et peuvent rester provisoires. Une dangereuse dérive qualifiable de « postmoderne » prend trop de libertés avec la rigueur scientifique. Dans l'exemple climatique, postmoderne implique incertitudes considérables, données discutables, enjeux présentés comme dramatiques et décisions réputées urgentes.

La tentation n'est pas nouvelle. Le XXe siècle a connu nombre d'idéologies totalitaires comme l'eugénisme, le marxisme, le nazisme, dont un point commun était la haine de l'homme ou du moins d'une fraction ciblée de l'humanité. La propagande a joué un rôle moteur dans la diffusion de ces idéologies. En 1912, le prix Nobel de médecine avait été attribué à Alexis Carrel, adulé pour son essai sur l'eugénisme. Il a fallu attendre la fin de la Seconde Guerre mondiale pour que le monde réalise les horreurs du nazisme pour partie héritées de l'eugénisme. En France, l'eugénisme n'est tombé sous le coup de la loi qu'au début de ce siècle.

Svante Arrhenius, lauréat du prix Nobel de chimie en 1903, est régulièrement cité à propos de l'effet de serre du CO_2 atmosphérique. On sait moins qu'à la suite des travaux d'Ångström sur le spectre infrarouge de ce gaz[1], Arrhenius a été contraint de rabaisser l'amplitude de l'effet qu'il avait initialement annoncée[2]. Parallèlement, il s'est activement engagé dans le processus qui mènera à la création d'un *Institut d'État pour la biologie raciale*. Il a été membre de son conseil d'administration qui conduira à la stérilisation forcée de dizaines de milliers de personnes. « Science sans conscience n'est que ruine de l'âme », écrivait François Rabelais.

---

1. Ångström, K., 1900. Über die Bedeutung des Wasserdampfes und der Kohlensäure bei der Absorption der Erdatmosphäre. *Annalen Phyz.* **308**, 720.
2. Arrhenius, S., 1906. Die Vermutliche Ursache der Klimaschwankungen. *Meddelanden fr_an K. Vetenskapsakademiens Nobelinstitut* **1**, n° 2.

Fin du monde virtuelle versus fin du mois bien réelle

Face à ce qui se précise comme spirale infernale, le temps d'un sursaut n'est-il pas venu ?

Jean-Paul Oury est docteur en histoire des sciences et des technologies. Il vient de publier *Greta a ressuscité Einstein*[1]. Il écrit[2] : « Cela fait maintenant des années que les Français se font berner par des idéologues qui, sous couvert de protection de l'environnement, leur imposent des lubies politiques [...] À l'issue d'un long processus, des militants ont fait tomber la science prométhéenne de son piédestal de telle sorte qu'il est désormais tabou de manipuler le génome, de fissionner l'atome, de diffuser des ondes ou encore de synthétiser des molécules.

1. VA éditions 2022.
2. www.lefigaro.fr/vox/societe/quand-certains-ecologistes-revent-en-secret-d-instaurer-une-climatocratie-20221208

À la place sont apparues des pseudo-solutions baptisées "made in Nature" dont on s'aperçoit progressivement qu'elles sont le cheval de Troie de la décroissance. L'agriculture bio ainsi que les énergies renouvelables dans le meilleur des cas signent la fin de la société de l'abondance et dans le pire des cas nous annoncent de graves pénuries à venir [...] L'énergie nucléaire abondante [...] ne contribue ni à accroître le problème du réchauffement climatique ni celui des pénuries de fourniture d'électricité... Hélas tous ces sujets sont passés à des années-lumière de l'agenda des politiques environnementales sous influence de l'écologisme. Ce monopole d'une idéologie concernant le discours relatif à la Nature va avoir des conséquences politiques terribles. »

Anne Bory, sociologue à l'université de Lille, précise que plusieurs travaux ont souligné que ce sont sur les classes populaires que les injonctions à écologiser les modes de vie pèsent le plus lourd. Elle écrit[3] : « Les sociologues croisent deux enquêtes portant sur la réception par des membres des classes populaires des injonctions à la conversion écologique de leurs pratiques quotidiennes, mot d'ordre principal des politiques publiques de protection de l'environnement depuis de nombreuses années. Ils soulignent la centralité du réalisme populaire face à

3. www.lemonde.fr/sciences/article/2022/11/16/la-double-peine-ecologique-pour-les-classes-populaires_6150107_1650684.html

cette tentative de moralisation de leur conduite. Ils déclarent volontiers mettre à distance des idées abstraites, pour, comme l'écrivait Richard Hoggart au sujet des classes populaires anglaises des années 1950, *ne pas oublier le monde des réalités, celui du travail et des dettes.* » Elle ajoute : « Écologiser ses pratiques quotidiennes apparaît comme une charge, à la fois organisationnelle et financière, souvent incompatible avec un quotidien déjà très contraint [...] La conscience qu'ont les classes populaires de la modestie de leur statut social, amplifiée par l'expérience constante d'une position infériorisée dans le monde du travail, les interactions quotidiennes ou face aux institutions publiques (école, police, bailleurs sociaux, administrations...), favorise la modestie dans l'évaluation des effets de l'action individuelle. » En d'autres termes, les plus démunis sont pour le moins réservés quant à l'importance des « petits gestes » pour « sauver la planète ». Nous sommes 68 millions de Français à partager la responsabilité d'un « réchauffement » de la Terre de l'ordre d'un millième de degré d'ici 2050. Les moins favorisés ont logiquement intégré qu'en divisant un millième par 68 millions il n'y avait pas vraiment lieu de se prendre la tête avec le minusculissime impact du « petit geste » individuel. Ils préfèrent laisser la part du colibri, la bonne conscience et l'achat des indulgences plénières aux plus aisés.

Le souci de satisfaire les besoins supposés des générations futures devrait-il s'imposer au prix du sacrifice de la population actuelle, notamment les aspirations à la santé et au mieux-être des personnes les plus démunies, les plus mal nourries, les plus affectées par la maladie, les plus privées d'énergie et d'électricité ?

Selon l'Organisation mondiale de la santé, plus de quatre millions de personnes, principalement des femmes et des enfants, meurent chaque année de maladies pulmonaires liées aux fumées émises par des feux domestiques de biomasse dans des habitations mal ventilées (*dirty cooking*[4]). *Poor people lives matter*[5], plaide Christian Gérondeau, chiffres éloquents à l'appui. La disponibilité généralisée d'une électricité peu coûteuse mettrait un terme à cette hécatombe. Elle serait en revanche obérée si les investissements se faisaient exclusivement dans l'intermittent, aléatoire et coûteux. Plus d'un milliard de personnes n'ont pas accès à l'électricité, deux milliards ne disposent d'énergie électrique que de façon sporadique et aléatoire.

Une civilisation ne s'effondre pas pour des raisons matérielles. Elle sait s'adapter aux conditions pour évoluer. Au XXe siècle, l'Europe s'est remise

4. www.who.int/mediacentre/factsheets/fs292/en
5. www.climato-realistes.fr/poor-people-lives-matter

de deux guerres mondiales. En comparaison, ce ne sont certainement pas un modeste changement de température terrestre d'une petite fraction de degré, ou le futur très lent épuisement de certaines ressources énergétiques qui sont de nature à constituer la menace existentielle brandie par les marchands de peurs. Une civilisation peut s'effondrer si elle se renie. Le renoncement au savoir académique, le mensonge assumé, sont non seulement des signes mais aussi les leviers possibles d'un effondrement si nous n'y prenions pas garde.

Avec son humour aussi ravageur que corrosif, h16 écrivait[6] *à propos d'un gros pince-fesse international médiatisé où le petit-four éco-conscient produit en biodynamie se déguste après un voyage en jet privé pour discuter d'un problème créé de toutes pièces et y apporter des solutions forcément géniales* : « Tout le monde sait d'emblée que le plus grand des dangers, le monstre le plus baveux, le plus dentu, le plus crochu et le plus vorace, c'est sans nul doute l'humanité tout entière. D'ailleurs, pour Antonio Guterres, l'actuel dodu en charge de l'ONU, pas de doute : l'humanité est devenue une "arme d'extinction massive" [...] Non seulement nous allons tous mourir mais ce sera de notre faute (et seulement de notre faute), notamment parce que nous sommes coupables à la fois

6. www.contrepoints.org/2022/12/09/445530-lonu-amondanrme-dextinction-massive-de-lhumanite

d'exister (ce qui est un crime abominable en soi) mais aussi et surtout parce que nous avons commis moult écocides [...] Et à force d'écocide méchant, à force de pollution très méchante et à force de surpopulation très très méchante, il devient maintenant inévitable que tout l'écosystème s'effondre [...] Si ce n'est pas demain, ce sera après-demain, dans l'horreur totale [...] Promis juré craché : il faut agir maintenant, c'est notre dernière chance [...] C'est tellement vrai que cela fait même 50 ans que l'on nous répète que les prochains mois sont notre dernière chance [...] On aura largement réduit la capacité de la piétaille humaine à se déplacer tout court, puisqu'on trouve aussi dans les cartons des projets de limiter largement les libertés de mouvement d'un maximum de gueux (rappelez-vous *4 vols dans une vie, c'est tout*[7]) [...] Cependant, l'étape suivante sera l'application des interdictions, des vexations et des obligations diverses qui toucheront tous les gueux, transformant rapidement l'humanité en prison à ciel ouvert peuplée de miséreux obéissants. »

Faudrait-il oublier une injustice sociale appelée à s'accroître si était poursuivie une politique qui ne peut qu'aggraver la précarité énergétique et la pau-

7. atlantico.fr/article/rdv/l-economie-contre-le-dereglement-climatique-l-angle-mort-de-jancovici-et-du-shift-project-decarbonation-france-production-co2-entreprises-solutions-innovation-investissement-remy-prud-homme-christian-gollier

vreté au profit d'une illusoire lutte prétendument climatique dont l'impact thermique même sur une décennie reste en dessous du seuil de mesurabilité de la température moyenne de la Terre ? Faudrait-il éclipser à son profit l'amélioration des conditions et la rémunération du travail du plus grand nombre ? On comprend pourquoi de grandes entreprises de par le monde, nombre de milliardaires influenceurs, s'engouffrent dans cette nouvelle idéologie, la soutiennent, la financent car elle affaiblit les courants émancipateurs de la condition socio-économique en les reléguant en regard d'une urgence climatique affichée comme prioritaire ; en réalité formidable business abondamment subventionné.

Nous vivons libres parce que les générations précédentes se sont battues pour lutter contre le despotisme et la tyrannie. Faudrait-il faire marche arrière sur le prétexte climatique, infondé dans sa dimension alarmiste ? Faudrait-il se résoudre à subir l'omniprésence d'une propagande qui vend un avenir radieux au prétexte que le présent serait des plus horribles, le pire de l'histoire, à obéir à l'ardeur planificatrice contraignant nos besoins et nos désirs, nous imposant des croyances prétendant dicter notre comportement ? La prolifération de normes de plus en plus pénibles s'accompagne d'une taxation insidieuse dont les montants sont appelés à devenir toujours plus élevés[8]. Quand le monde s'apercevra enfin que la prétendue grande cause n'était en fait qu'une instruction à charge politisée de longue date, comment réagira l'opinion, les jeunes en particulier, face à la désinformation dont elle a été victime ? Selon Ipsos[9], 37 % de nos compatriotes (+ 8 points en un an), et même 43 % selon une étude de l'OCDE[10], ont déjà les yeux ouverts mais il y a certes encore de belles marges de progressions.

Le philosophe Alex Epstein n'hésite pas à écrire en introduction de son livre[11] : « Je vais montrer qu'un développement des ressources fossiles rendra le monde bien meilleur, un monde où des milliards de contemporains auront la possibilité de s'épanouir, notamment de se sortir de la pauvreté, d'avoir une chance de poursuivre leurs rêves, et – même si cela peut sembler un peu fou au premier abord – de bénéficier d'une meilleure qualité environnementale et de mieux se prémunir des aléas climatiques. » Il compare le développement des ressources fossiles à

8. atlantico.fr/article/decryptage/taxe-europeenne-sur-le-chauffage-quete-illusoire-de-decarbonation-samuel-furfari

9. www.ipsos.com/en/obscop-2022
summit.news/2022/12/13/global-poll-finds-4-in-10-people-believe-climate-change-is-natural

10. www.bfmtv.com/environnement/une-etude-evalue-a-43-la-part-de-francais-climatosceptiques-et-pointe-leur-niveau-d-information_AN-202208240665.html

11. Epstein, A., *Fossil Future: Why Global Human Flourishing Requires More Oil, Coal, and Natural Gas – Not Less* (Le futur des fossiles : pourquoi l'épanouissement humain requiert davantage de pétrole, de charbon et de gaz naturel – et non moins), éd. Portfolio (2022).

la prise d'un médicament sur ordonnance[12]. Quels sont les avantages et les effets secondaires négatifs ? Vu l'impact minimaliste des émissions sur la température de la Terre, il s'avère que les bénéfices des combustibles fossiles l'emportent largement. Le carburant qui alimente les moissonneuses-batteuses par exemple permet à un seul agriculteur de faire un travail qui autrement aurait nécessité des centaines d'autres dénués de moyens mécaniques et condamnés à s'user prématurément le dos. Grâce à une énergie peu coûteuse, fiable et polyvalente, l'humanité s'est épanouie. L'espérance de vie a fortement augmenté. L'extrême pauvreté a chuté de 42 % en 1980 à moins de 10 % aujourd'hui, ceci grâce à l'énergie. Pour être tenu pour acquis dans les pays occidentaux, les pays en développement n'ont pas ce luxe, mais aurions-nous l'arrogance de les en priver ?

12. wattsupwiththat.com/2023/04/23/fossil-fuels-the-big-picture

Conclusions et perspectives

Le scientifique qui dans la décennie 1960-1970, assis devant un clavier, perforait les cartes de son programme écrit en Fortran, puis attendait l'impression des résultats de ses calculs sur un listing percé de trous latéraux, pouvait-il imaginer que seulement cinquante ans plus tard l'avenir se déclinerait dans ce domaine en pressions de doigts plus ou moins propres sur un écran tactile ? Parmi les cinq plus grosses capitalisations boursières au 1er janvier 2022 figuraient quatre des Gafam, Apple, Microsoft, Google (Alphabet) et Amazon. Facebook (Meta) était septième. Ces firmes n'auraient tout simplement pas pu exister sans l'invention du transistor par John Bardeen, Walter Brattain et William Schockley, lauréats du prix Nobel de physique 1956, et les innombrables innovations successives qui ont permis sa miniaturisation pour le plus grand bénéfice de l'informatique puis des nouvelles technologies de l'information et de la communication. Les inventeurs pouvaient-ils imaginer des développements aussi considérables ? Notons que l'exploitant de ressources fossiles Saudi Aramco était classé quatrième avec une capitalisation de près de deux mille milliards de dollars, soit quatre fois le budget de l'État français. En 2022, la compagnie pétrolière a momentanément pris la tête et continuait à la disputer en 2023 aux Gafam, pactole qui fait un joli pied de nez à, sinon l'oxymore, du moins l'association improbable des mots « finance » et « climat ».

La puissance informatique est devenue colossale, les capacités de stockage d'information démultipliées. Le numérique consomme tellement d'électricité en particulier avec ses gigantesques *data centers* que son empreinte énergétique est triple de celle de la France ou du Royaume-Uni. Elle est presque le double de celle du transport aérien[1]. Pour évoquer par exemple le logiciel d'intelligence artificielle (IA) ChatGPT (prononcez *djipiti* à l'anglaise pour éviter la gêne afférente à la prononciation française) qui défraie la chronique, au point que Sciences Po en a interdit l'utilisation à ses étudiants, précisons que nul passage de cet ouvrage n'a été écrit par IA. Et pour cause, si ChatGPT dans ses réponses certes tisse un lien plus ou moins convenu entre les connaissances issues des gigantesques bases de données, il s'inspire

1. Pitron, G., *L'Enfer numérique : voyage au bout d'un like*, éd. Les Liens qui Libèrent (2021).

aussi de poncifs discutables tout autant inscrits dans ses « neurones » sans l'indispensable esprit critique, l'ensemble passant sous les fourches caudines d'un filtre qui se veut politiquement correct.

Les verrous qui finissent par sauter les uns après les autres ne sont pas pour autant programmables à l'avance. Vu la complexité inhérente, une certaine surprise, d'autant plus si elle s'avère excellente, reste la règle en matière d'innovation. En énergétique, il y a encore de belles marges de progression par exemple dans le nucléaire de quatrième génération, la fusion thermonucléaire contrôlée et les nouveaux supraconducteurs à haute température critique[2].

Les lignes à haute tension en cuivre qui parsèment nos campagnes sont bannies des zones urbaines denses comme l'agglomération de New York. Entre Long Island et « Big Apple », il n'y avait plus suffisamment d'espace dans les tranchées pour rajouter des câbles de cuivre et répondre aux besoins de distribution de l'électricité. Une ligne supraconductrice a été installée. Elle est refroidie à –180 °C par de l'azote liquide, obtenu par simple compression de l'air. Injecté dans la tranchée au contact du supraconducteur, il lui assure la température de –196 °C pour que sa propriété supraconductrice, bien meilleure que celle conductrice du cuivre, puisse s'expri-

2. Gervais, F., *Les Nouveaux Supraconducteurs*, éd. Lavoisier Tec & Doc (1993).

mer pleinement. Une autre application spectaculaire des supraconducteurs réside dans la lévitation magnétique. Pour l'illustrer, on pourra visionner les photos de participants du colloque international LEES 2014 (*Low Energy Electrodynamics in Solids*) en lévitation sur un surf supraconducteur[3]. S'ajoute à ces innovations tout ce qui touche de près ou de loin à l'amélioration de l'efficacité énergétique.

Se contenter d'extrapoler les seules connaissances actuelles pour anticiper l'avenir s'avérerait trompeur. Qui s'aventurerait à prédire avec des arguments convaincants quel sera le bouquet énergétique pays par pays à la fin du siècle ? Quelle sera la part de carburants synthétiques ? La loi de l'offre et de la demande reste une loi d'airain en dépit de toutes les tentatives de contraintes, d'entraves et de pressions. Figer l'économie sur le seul savoir actuel relèverait de « l'enfermement » de nos contemporains dans un carcan aussi abusif, infondé, qu'irresponsable et surtout insupportable si des démiurges prétendaient ainsi façonner nos vies en contraignant nos choix et nos désirs. Pascal Bruckner[4] nous rappelle que « la peur ne peut servir de guide rationnel que face à un danger imminent et perceptible, or il s'agit ici de nous rendre responsables de ce qui pourrait – au conditionnel, car il subsiste par rapport aux asser-

3. www.lees2014.univ-paris-diderot.fr/levitate.html
4. palingenesie.com/fanatisme-apocalypse-pascal-bruckner

tions officielles un degré important d'incertitude – survenir dans les siècles des siècles ».

En regard des formidables progrès scientifiques et techniques du dernier demi-siècle, et à rebours du prétendu « consensus » revendiqué, la modélisation climatique, du moins pour sa fraction reprise par le Giec, non seulement marque le pas depuis le rapport Charney de 1979 mais exhibe des conclusions de plus en plus divergentes et témoigne ainsi d'un défaut flagrant de fiabilité. L'incertitude qui reste considérable n'est que partiellement reconnue par l'organisme car il censure les travaux concluant à une élévation de température inférieure ou égale à 1 °C en cas de doublement du CO_2 dans l'atmosphère. Prendre la moyenne de résultats qui se contredisent et donc s'avéreront faux pour la plupart n'est d'aucune utilité. Cette volonté politique des représentants des États dans la rédaction ligne à ligne du *Résumé à l'intention des décideurs* a vraisemblablement influencé les rédacteurs des chapitres scientifiques. Eux-mêmes sont proposés par les Gouvernements des 195 États selon une péréquation pouvant impliquer parité homme-femme et représentation de pays membres. Les conclusions préétablies visant à charger exclusivement les activités humaines *via* les émissions de CO_2 les ont amenés en particulier à exclure depuis le rapport AR4 publié en 2007 jusqu'au AR6 publié en 2023 le spectre infrarouge du CO_2 atmosphérique. Il est vrai que son évolution est tellement faible que le Giec ne se hasarde même pas à seulement l'évoquer. Soulignons que la mise à l'écart de cette information fondamentale a fait fi de la recommandation insistante et réitérée d'un *expert reviewer* accrédité par l'organisme pour le rapport AR5 puis le AR6 et dont les 45 paragraphes de questions, de critiques et de recommandations de son dernier rapport ont semble-t-il compté pour moins-que-rien. Certes, si les spectres infrarouges étaient présentés et discutés, ils risqueraient de porter un coup fatal à l'alarmisme, raison pour laquelle mieux valait sans doute dans l'esprit des rédacteurs qu'ils continuent à briller par leur absence. On est loin d'une démarche scientifique se construisant avec la caution de la revue par les pairs, relative certes mais qui a tout de même fait ses preuves dans près de deux millions de publications scientifiques chacune de ces dernières années. Le Giec apparaît à ce titre en infraction face aux recommandations de l'Interacademic Council[5]. On constate à l'inverse une instruction à charge de plus en plus débridée au fil des plus récents rapports.

Judith Curry était présidente de l'École des sciences de la Terre et de l'atmosphère au Geor-

5. www.interacademies.org/news/interacademy-council-report-recommends-fundamental-reform-ipcc-management-structure

gia Institute of Technology. Elle a dirigé plusieurs groupes de recherche transdisciplinaires en lien avec l'Organisation météorologique mondiale et le Programme mondial de recherches sur le climat. Elle conclut sévèrement à propos du rapport AR6 : « La courbe en crosse de hockey ressuscitée dans le AR6 montre à quel point le processus du GIEC est vulnérable aux biais scientifiques. Le tri sélectif ("cherry picking"), le détournement du processus de revue par les pairs, le manque de transparence, et la probable ingérence politique ont conduit à une déformation grossière de l'évolution de la température depuis le début de l'ère industrielle[6]. » Un rapport de 180 pages développant les critiques de Judith Curry a été envoyé par le président de clintel.org au président du Giec[7]. Soulignons que ses trois présidents successifs, le dernier nommé en juillet 2023, ***ne sont nullement climatologues*** mais apparaissent plutôt comme des lobbyistes de l'énergie électrique, intermittente en particulier. C'est la transition énergétique prônant le bannissement des ressources fossiles qui depuis sa création semble inscrite dans les gènes du Giec, abusant pour l'imposer du mauvais prétexte climatique.

6. judithcurry.com/2023/05/13/clintels-critical-evaluation-of-the-ipcc-ar6

7. wattsupwiththat.com/2023/05/25/open-letter-to-dr-hoesung-lee-chair-of-the-ipcc

Le catastrophisme est principalement basé sur le scénario RCP8.5 parfaitement irréaliste dans la mesure où il suppose que nous multiplierions dès à présent par 5,4 nos émissions et ce jusqu'à la fin du siècle. Les réserves connues de ressources fossiles permettent leur utilisation pendant encore un siècle à condition de ne pas trop s'écarter du rythme actuel d'exploitation, mais sûrement pas à un niveau quelque cinq à six fois supérieur que n'envisage d'ailleurs nullement l'Agence internationale de l'énergie dans ses projections pour 2050. D'autant que la « finance climatique » *via* les critères ESG tend à freiner, contrecarrer, voire pénaliser, la recherche de nouveaux gisements[8]. Quand la responsabilité prendra-t-elle le pas sur l'irrationalité afin de nous prémunir de l'éclatement d'une « bulle climatique » qui, à des degrés divers, serait préjudiciable à tous ?

Souhaitons-nous continuer à œuvrer en bonne intelligence avec la Terre en faveur de l'amplification de son verdissement et favoriser la croissance de la végétation au bénéfice en particulier des plantes nutritives ? Ceci dans le contexte d'un doublement de la population mondiale durant les

8. www.lemonde.fr/economie/article/2023/05/11/bnp-paribas-satisfait-une-demande-des-ong-sur-le-climat_6172934_3234.html

cinquante dernières années ? Cet objectif « vert » dans le vrai sens du terme est foncièrement contradictoire avec la limitation des émissions de CO_2 ou sa capture. Cette dernière reste de toute façon parfaitement illusoire, surtout à un coût exorbitant, en regard des quelque 3 300 milliards de tonnes déjà présents dans l'atmosphère. À l'inverse, sans compter le bénéfice pour le plancton et la chaîne marine, il importe de dire et de répéter ***qu'un tiers de nos émissions est profitable à une végétation dont l'atmosphère à l'heure actuelle ne lui fournit pas suffisamment de carbone « à sa faim »***, comme l'illustre l'augmentation de l'amplitude de l'oscillation saisonnière de la concentration de CO_2 dans l'atmosphère. Sa proportion accrue diminue également le stress hydrique.

Au rythme d'émissions actuel, le réchauffement évalué, en reprenant les propres chiffres du rapport AR6 du Giec, ne dépasserait pas 0,06 °C d'ici 2050 pour la fraction imputable au principal émetteur, la Chine, qui pourtant consomme à elle seule la moitié du charbon mondial. Le Giec surévalue toutefois ce réchauffement infinitésimal, comme l'illustrent et le précisent plus de 4 000 publications dans des revues internationales à comité de lecture, s'inscrivant en faux contre le prétendu consensus. Le spectre infrarouge de l'atmosphère et son évolution, si faible qu'elle reste, sinon évaluable, du moins difficilement mesurable, conduisent en l'absence de rétroactions à diviser par deux ces chiffres bien trop faibles pour se traduire par un quelconque « ressenti », encore moins par une menace existentielle selon le poncif seriné sur tous les tons par les alarmistes.

Par une belle journée printanière en l'absence de couverture nuageuse, 15 °C peuvent différencier une matinée frisquette d'un après-midi agréable. Une hausse de 0,1 °C d'ici 2050 correspond à 0,00001 °C par jour, donc pas même l'équivalent de la hausse printanière quotidienne *pendant moins d'une seconde.* Qui prétendrait à quelconque crédibilité en qualifiant un rayon de soleil printanier de « crise climatique » proprement insupportable ? Vingt-deux degrés Celsius séparent la température moyenne d'Oslo de celle de Singapour. Contrairement aux prétendues menaces auxquelles d'aucuns tiennent *mordicus* à nous faire adhérer, 0,1 °C supplémentaire d'ici 2050 ne changera rien de perceptible à la santé, à l'espérance de vie, au bien-être de leurs habitants. L'histoire du contexte climatique des chasses aux sorcières accusées de « changer le temps » selon le « consensus » d'une autre époque confirme les études récentes montrant que le principal « tueur » climatique reste le froid, pas une moyenne de température terrestre actuelle de 15 °C. La plupart des moyennes mesurées en France se situent à un niveau inférieur, s'échelonnant entre 10 °C dans le Nord ou vers 1 000 m d'altitude, et 16 °C sur le pourtour méditerranéen.

Contrairement au narratif claironné à l'envi, ce ne sont pas l'isolation des habitations ou les malus, voire l'interdiction, des véhicules à moteur thermique qui changeront quoi que ce soit de mesurable aux fluctuations des écarts de pression atmosphérique, à la direction des vents, et aux écarts quotidiens aux moyennes de saison qui en résultent. Implanter des milliers d'éoliennes préjudiciables à la biodiversité comme toute autre artificialisation des sols n'empêchera ni les inondations, ni les canicules – le mot date de l'époque romaine –, ni les feux de forêts. Il serait plus utile de traquer les pyromanes. Plus généralement le mantra « dérèglement climatique » qui a succédé à « réchauffement climatique » faute de réchauffement vraiment significatif – seulement 0,4 °C depuis 1945, année marquant pourtant le début d'une accélération des émissions – relève de l'imposture car on serait bien en peine de trouver un quelconque « règlement ». La tendance mondiale des évènements météorologiques extrêmes n'est pas à l'augmentation. Le Giec lui-même reconnaît l'absence de tendance significative concernant inondations, sécheresses, cyclones tropicaux, tempêtes hivernales, orages, chutes de grêle. Gouvernés par des mécanismes intrinsèquement chaotiques, ils ont toujours existé[9] et continueront à se produire indépendamment de la concentration de CO_2 atmosphérique de 0,04 % et de son augmentation annuelle de 0,0002 %.

Le formidable business et les perspectives de sommes mirobolantes liés à l'objectif de neutralité carbone prôné par l'ONU et l'Union européenne d'ici 2050 continueraient à profiter financièrement aux puissants et aux plus riches. On y vérifie là leur logique. Mais pour quantité d'autres, infiniment plus nombreux, elle serait aussi coûteuse que douloureuse, cause d'amplification de la crise énergétique, de précarité, de pauvreté aggravée, de ruine. Une transition énergétique prématurée principalement axée sur le « tout-électrique » s'accompagnerait d'un pillage exacerbé des ressources minérales de la planète, source de conflits géopolitiques, et, vu son ampleur, serait excessivement dommageable à l'environnement par les pollutions multiples engendrées à des niveaux inédits.

Durant les deux millénaires avant 1800, la population de la Terre a décuplé. Durant les seuls deux derniers siècles, profitant de ressources fossiles abon-

9. www.meteo-paris.com/chronique

dantes et bon marché et des progrès qui en ont résulté, la population de la Terre a explosé, multipliée par huit en dépit de deux guerres mondiales. Les pays en voie de développement veulent à juste titre profiter à leur tour des énergies exploitées par les pays occidentaux depuis longtemps. Pour être précieuses, elles n'en restent pas moins relativement peu coûteuses, 50 centimes le litre de pétrole depuis 1990 en moyenne, soit du même ordre que l'eau minérale vendue en bouteille plastique. Le terme « transition énergétique » peut donner l'impression qu'existerait une alternative rapide et facile pour éliminer les combustibles fossiles sans casse sociale, sans impact dommageable sur la fraction la moins favorisée de l'humanité, la plus nombreuse. C'est une illusion qu'il importe de récuser. La terminologie « transition écologique » est encore plus trompeuse car la transition énergétique s'accompagnerait de dommages collatéraux excessivement graves pour l'environnement.

Une proportion du pétrole et du gaz n'est pas consumée mais *transformée*. Elle est à la base de produits pharmaceutiques, de cosmétiques, de fibres synthétiques, d'engrais, de plastiques notamment pour les smartphones, les ordinateurs, les films protecteurs, les barrières contre la propagation de virus, et des milliers d'autres produits que l'électricité, intermittente ou pilotable, reste, à elle seule, incapable de fabriquer[10].

Le rapport Pisani-Ferry/Mahfouz de mai 2023 prévoit pour la France une dépense annuelle de 67 milliards. Financer un tel montant représente une moyenne de 100 000 euros, d'ici l'échéance de 2050 pour un foyer avec deux enfants, en impôts, taxes supplémentaires et renchérissement du coût de la vie, car les entreprises également impactées par des normes plus contraignantes ne manqueraient pas de répercuter les surcoûts. Pour la majorité des Français, ce serait une charge insupportable surtout rapportée à l'absurdité de l'objectif d'éviter un « réchauffement » de la Terre de l'ordre du millième de degré.

L'autre option envisagée par le rapport est le creusement de la dette. Comparée aux principaux émetteurs, la France est de loin la meilleure de la classe en termes de plus faibles niveaux d'émissions de CO_2 par point de PIB. Écrasée de dettes en dépit du taux de prélèvements obligatoires le plus élevé de l'Union européenne, et à ce titre moins bien notée par les

10. wattsupwiththat.com/2021/04/09/cities-countries-and-economies-were-built-with-derivatives-from-oil-not-by-electricity
www.cfact.org/2021/12/18/decarbonization-cannot-manufacture-the-products-demanded-by-civilization

agences spécialisées[11], devrait-elle creuser davantage encore sa dette avec les risques de charge de la dette devenant intenable, de pénalités financières consécutives, l'ensemble conduisant à une spirale infernale ? Pour leur avoir évité un abominable « réchauffement » planétaire de l'ordre d'un millième de degré d'ici 2050, nos petits-enfants seraient-ils ravis d'avoir à éponger une ardoise d'au moins 1 000 milliards de dettes supplémentaires ou nous maudiraient-ils pour avoir été aveugles au point d'avoir laissé faire une politique d'une telle absurdité ?

11. www.lemonde.fr/economie-francaise/article/2023/04/29/l-agence-fitch-degrade-la-note-de-la-france-a-aa-sous-l-effet-de-l-impasse-politique-et-des-mouvements-sociaux_6171463_1656968.html

Épilogue – Vérité et Mensonge

Pourquoi la Vérité nue se dérobe-t-elle à nos yeux ? Pourquoi ne nous est-il donné à voir que le Mensonge paré des habits de la Vérité ? La légende nous le raconte.

La Vérité et le Mensonge se sont rencontrés par une belle journée chaude et ensoleillée. En réponse au Mensonge qui lui en vantait tout l'agrément, la Vérité regarda autour d'elle et leva les yeux vers le ciel. C'était vrai, le jour était vraiment beau. Ils passèrent du temps ensemble jusqu'à arriver devant un puits. Le Mensonge proposa à la Vérité : « L'eau est très agréable, prenons un bain ensemble. » La Vérité, toutefois méfiante, mit la main dans l'eau. Elle était vraiment bonne. Ils se déshabillèrent et se baignèrent. Soudainement, le Mensonge sortit de l'eau, prit et mit les habits de la Vérité et s'enfuit. La Vérité, furieuse, sortit du puits et courut partout pour trouver le Mensonge et récupérer ses vêtements. Le monde en voyant la Vérité nue détourna le regard avec gêne et mépris. La pauvre Vérité retourna au puits pour y disparaître à jamais en cachant sa honte. Depuis, le Mensonge voyage partout dans le monde paré des habits de la Vérité.

Remerciements – J'exprime ma gratitude à Monique, directrice de Recherche honoraire au CNRS, pour sa relecture critique et constructive du manuscrit. Mes travaux sur une notion de « climat » excessivement politisée relèvent d'un cadre extérieur au laboratoire UMR CNRS 6157, car je n'aurais jamais pris le risque malheureusement trop réel de le mettre en danger. Ils ont été publiés après 2012, lorsque, retraité, j'ai retrouvé une liberté d'activité bénévole à l'issue de mon troisième et dernier mandat de directeur d'une unité associée au CNRS. Chaque fois que des jeunes de grandes écoles souhaitent m'interviewer, je suis contraint, et ce n'est pas de gaieté de cœur, de leur recommander à la fin de l'entretien la plus grande prudence si, dans le contexte actuel, ils ne veulent pas nuire à leur future carrière. C'est affligeant. C'est surtout inquiétant.

Les débats lors de congrès scientifiques à Londres, Berlin, Düsseldorf, Porto[1], ou par mail avec certains des collègues parmi les 1 632 qui ont signé la déclaration « il n'y a pas d'urgence climatique » (clintel.org) ont été enrichissants à l'instar des échanges au sein du comité scientifique et du bureau de l'association des climato-réalistes[2]. Il m'est agréable de remercier les médias qui m'ont tendu les micros ou ouvert leurs colonnes, à l'instar des organisateurs de conférences qui m'ont invité.

Pour répondre par avance à une accusation récurrente aussi stupide qu'infondée, je n'ai pas eu de relation professionnelle ou personnelle avec les entreprises qui extraient ou commercialisent les ressources fossiles. En revanche, j'ai travaillé sans rémunération autre que mon traitement de directeur de recherche CNRS puis de professeur des universités avec des entreprises engagées dans le développement de l'efficacité énergétique, comme le relate par exemple un ouvrage de synthèse écrit à six mains[3].

1. www.portoconference2018.org
2. www.climato-realistes.fr
3. De Almeida, S., Autret, C., Gervais, F., *Promising Trends in Materials for Ceramic Capacitors*, Lambert Academic Publishing (2020).

Achevé d'imprimer en France chez CPI en septembre 2023
Dépôt légal : septembre 2023
N° d'impression : 2073729